公務員試験【高卒程度・社会人】

らくらく総まとめ

面接・作文

資格試験研究会 編 実務教育出版

CONTENTS

公務員試験
[高卒程度・社会人] らくらく総まとめ

面接・作文 目次

Chapter 02 ▶ 作文試験対策 ─── 111

本書の特長

　本書は，高等学校卒業程度（初級），社会人区分の公務員試験の面接・作文試験について短期間で攻略するための事前の準備やアドバイス，対策法をまとめています。

● 本書の特長

　本書は**面接試験編と作文試験編の2編で構成**されています。それぞれ基本的な部分から攻略法，実際の面接シミュレーションや例題，さらには最近増えているオンライン面接などを解説しています。

　公務員を目指す受験者が，面接の現場や作文試験で，十分に自分の特性や長所をアピールできるように，これまでの実例を基に，**あらゆる角度から丁寧にアドバイス**しています。ひととおり読めば，面接・作文試験がどのようなものか，どんな準備が必要かわかるようになります。本書を読み，しっかりと準備をすれば面接官の前でしどろもどろとなって何も言えなかった，作文で考えていることの半分も書けなかったというようなことはなくなります。面接・作文で堂々と自己PRできるようになれば合格はもう目の前です。

● なぜ面接試験と作文試験があるのか？

　高校生と社会人を対象とした公務員試験には，国家公務員一般職［高卒］試験，同［社会人］をはじめとする国家公務員試験と，各都道府県や市が行う地方公務員試験があります。以上の試験では一般に，基礎能力試験，適性試験，作文試験などの筆記試験と面接試験などが行われています。

　公務員試験は，高校生を対象とする就職試験のなかでも，人気の高い試験です。また民間での知識や経験を公務に活かす社会人・経験者試験も競争率が高く，しっかりとした準備が必要です。

　とくに，昨今，行政ニーズが多様化し複雑化しているのにともない，各省庁，各自治体ともに，多様な人材を求めています。21世紀の行政を担い得る，柔軟な発想と活力をそなえた人が必要なのです。

　そのため，公務員試験も「**面接重視**」といわれ，教養試験や専門試験ではとらえることのできない，人間的な側面を重視する傾向が強まっています。人柄，性格，考え方，表現力，的確な判断力といった，仕事をしていく上での総合的能力が問われるようになり面接試験や作文試験が，公務員試験に合格するための重要なポイントとなっているのです。

Chapter

01

面接試験対策

テーマ **01** 面接試験ってなに？

・公務員の面接試験では，その人が公務員にふさわ
しい人物かどうかを判断する。
・面接の形式には「個別面接」「集団面接」「集団討論」
などがあり，職種や自治体によって異なる。

1 公務員試験の面接

公務員に求められる資質

　公務員は読んで字のごとく「公に務める人」，つまり営利を目的とせ
ず，社会に奉仕することを仕事としている。国に勤務し国民のために働
く「国家公務員」と，地方自治体(都道府県や市役所)などで地域住民の
ために働く「地方公務員」とがあり，仕事内容は多種多様である。

　しかし，公務員だからといって，何か特別なものが求められるわけで
はない。社会人としての一般常識はあるか，人柄は良いか，協調性はあ
るか，仕事に対する意欲や責任感はあるかなど，基本的に見られるとこ
ろは民間企業と同じである。とはいえ，より「公務員に向いている資
質」というものはあり，中立性や公正さ，誠実さなどは，人々の生活を
支える公務員には必要な資質といえる。

　主にどのような資質が求められるのか，以下を参考にしてみよう。

①コミュニケーション能力

　人と意思疎通を図るためには，相手の言うことをしっかり聞き取り，
理解し，それに対して適切に答える(説明する)必要がある。職場の同僚
や上司・部下だけでなく，公務員の場合，国民や地域住民とかかわるこ
とが多いことからもなくてはならない資質である。

②協調性

　各省庁や地方自治体といった大きな組織の中で働く公務員には，周囲

と協力し，滞りなく仕事を進めることが求められる。仕事に主体性を持って取り組むことはもちろん大事だが，同時に，組織としての目標を達成するにはチームワークが欠かせない。

③柔軟性

自分をただ押し通そうとするのではなく，**周囲の意見や考えに耳を傾け，柔軟に対応する姿勢**が大切である。また，既存の枠にとらわれず，幅広い視点から行政のあり方などについて考えていくことも必要となる。

④誠実さ・堅実性

公務員として国民や地域住民の信頼を得るには，まず，さまざまな人の意見や要望に耳を傾け，**誠実に対応する**ことが大切である。そして，堅実に仕事をこなしていくこと。データ収集や書類作成といった事務仕事が多いため，それらをコツコツと進められる人が求められる。

⑤責任感

どんな仕事にも責任感は必要だが，公務員の場合，さらに強い責任感が求められる。なぜなら，その職務内容が国民や地域住民に深くかかわるものだからだ。途中で投げ出したり手を抜いたりすることなく「**最後までやり抜く**」ことが，人々の生活を支えることにつながる。

⑥意欲・熱意

社会に奉仕することが公務員の仕事であり，当然「人の役に立ちたい」という意欲や熱意は必要不可欠である。その強い思いがなければ仕事を続けること，あるいは成果を上げることはできない。「なぜ公務員になりたいのか」今一度，しっかり考えてみよう。

⑦中立性・公平性

公務員は，どのようなときも**中立・公平の立場である**ことを心がけなければならない。特定の個人や団体に肩入れすることなく，誰にでも同じように対応することが大事である。しかし，ただ機械的に対応するのではなく，「人の役に立ちたい」という思いは忘れないでおこう。

 **面接の重要性**

①なぜ面接をするのか

　面接は通常，１次試験(筆記試験)に合格した人を対象に，２次試験として行われる。筆記試験だけでは，その人の「人となり」はわからず，面接は「どのような人物か」「組織にとって有益な人材か」を見る，絶好の機会となる。

　公務員試験においては近年，特に**面接重視の傾向にある**。面接の配点比重を高くしている自治体が増えており，中でも地方公務員や公安系公務員は１次試験以上に厳しいといわれている。さらには，３次面接，４次面接と面接を複数回実施するところもあるので，１次試験に合格しても気を緩めないようにしよう。

　もちろん，短い面接時間で「自分のことがどこまでわかるのか」という疑問を持つ人もいるだろう。しかし，その短時間のうちにも，**面接官は細かいところまでしっかりチェックしているのである**。挨拶がきちんとできるか，話し方や聞き方，表情や態度，服装など。また，話の内容から「公務員の仕事をどの程度理解しているか」「どれだけ意欲があるか」なども判断しているのだ。

　面接官に「社会人・公務員としてふさわしい」「一緒に働きたい」と思ってもらえるかどうかがカギとなる。筆記試験同様，対策をおろそかにせず，早めに少しずつ準備していこう。

②すべては**自己分析**から

　自分を売り込むためには，自分をよく知っておく必要がある。性格や特技，これまでに体験したことなど，自己分析を通して整理し，志望動機や自己PRなどの売り込みポイントを把握しておこう。p.12の自己分析ノートを使ってみよう。

　自分自身のことを確認できたら，それらを簡潔かつ具体的に言葉で表現できるようにする。「具体的に」というのが大事なポイントで，たと

えば面接で短所を聞かれた場合，ただ短所だけでなく「短所を克服するためにどんなことをしているか」まで話せるようにしておくと，弱みを強みとして伝えることが可能になる。

自己分析は，一度やったら終わり，ではない。二度，三度と自身を振り返って理解を深めておこう。その過程で「なぜ公務員になりたいのか」「希望の職種で何がしたいのか」など，自分自身でも志望動機がどんどん明確になっていく。

③面接も練習が大事

では，面接試験の対策はどのようにすればいいのか。これはもう，練習しかない。「自分のことだから，練習しなくても質問に答えられる」「頭の中でシミュレーションすれば十分」などと軽く考え，ぶっつけ本番で臨むのはあまりに危険である。本番では緊張して，自分が考えていることをうまく言葉にすることができなくなる。筆記試験の勉強を入念にするように，面接の練習もしっかりしておきたい。

面接の練習には，次のようなメリットがある。

〈面接練習のメリット〉
○あがらずに，落ち着いて本番に臨むことができる。
○スムーズな受け答えができるようになる。
○自分を客観的に見ることができるようになる。

模擬面接を受けたり，友人や知人に頼んだりして，何度も繰り返し練習しよう。面接の雰囲気に慣れるために，**企業面接に参加してみる**のもオススメだ。面接官役を頼む相手がいない場合，一人でも練習はできる。たとえば，鏡に向かって練習する方法。面接官役も自分でこなし，質問と答えのやりとりを声に出して行う。鏡に映った**自分の表情**が確認できる。

また，携帯電話などの**録音・録画機能**を使うと，より客観的に自分を見ることができ，改善点を見いだせるだろう。できれば全身が映るよう

に撮影し，後から見直して表情や姿勢，話し方などをチェックしよう。

面接練習を行う際は，以下のポイントを押さえながら実践してみよう。

〈面接練習のポイント〉
○練習前に面接でよく出る質問を押さえ，その回答を用意する。
○本番さながらに緊張感を持って行う。入室から退室まで，一連の流れを通しで行えればなおよい。
○漫然と繰り返しても意味がない。おかしな点は改善していくこと。

④面接で自分を売り込もう

面接で緊張するのは当たり前だが，そのために自分がうまく出せず，質問に答えるのが精一杯となってしまっては残念である。

前述のとおり「面接は『どのような人物か』『組織にとって有益な人材か』を見る，絶好の機会」ではあるが，受験者にとっては「自分のよさを知ってもらう絶好の機会」となる。「自分はそんなに優秀じゃない」「何を言っていいのかわからない」といった消極的な姿勢は，面接の場では相手にも伝わる。まずは自分をよく知って，自信を持とう。そして，**堂々と自分を売り込む**（アピールする）ようにしよう。

ただし，売り込もうとするあまり，話が一方通行にならないよう注意が必要である。まくし立てたり，話が広がりすぎたりすると「身勝手」と思われてしまう。面接官の言うことや質問をしっかり聞いて，きちんと受け答えができるようにしよう。

自分は面接官の立場からみたらどうだろう？自分を客観視することも大事です。

2 自己PRの方法

自己PRの作り方

自己PRとは，面接官に自分の長所（強み）を伝え，さらにその長所が「仕事にどう役立つか。活かせるか」をアピールすることである。そのためにはしっかり**自己分析する必要がある**。ここでは，その方法をもう少し具体的に説明していこう。

①自己分析の目的を明確にする

なぜ自己分析をする必要があるのか。その理由や目的を明確にしておかなければ，いくら自己分析しても結局「自分がどんな人間なのかよくわからない」「アピールポイントが見つからない」と，あやふやなままで終わってしまう。

自己分析をするのは，**面接で自分を適切にアピールし，試験に合格するためである**。そして自己分析は，「自分を確認して理解すること」「自分を効果的に伝えられるようにすること」を目的としている。

目的を明確にした上で，自分について深く考えてみよう。今まで知らなかった自分が見えてくるはずである。

②自己分析する～自分のリスト化

性格や趣味，特技，資格，過去の経験，経験から学んだこと，実績など，**自分を振り返ってリスト化する自己分析ノートを作成**してみよう。ここで大事なのは，純粋に「自分はどんな人間なのか」を知ろうとすることである。「自分に取り柄なんてない」「これといった経験をしていない」などと悩む必要はない。何も特別なことではなく，まずは部活なり勉強なり，これまでにしてきたことを整理するつもりで書き出していくとよいだろう。

この作業を二度，三度と行うことで，自己理解を深めることができる。

自己分析ノート

①志望動機
　・公務員になりたい理由

　・その省庁，自治体，職種を志望する理由

②自己PR

③自分の性格
　・長所

　・短所

④学校生活で印象に残っていること

⑤クラブ・サークル活動

⑥友人関係について

⑦趣味，特技，資格など

⑧最近関心を持った出来事やニュース

⑨採用後にやってみたい仕事

⑩就職経験で得たものと退職の理由（就職経験者）

面接試験は自己分析
から始まります！

③長所(強み)を考える

　自己分析ノートをもとに,自分の長所を突き詰めて考えていこう。できるだけたくさん挙げられるとよい。「なかなか思いつかない」という人も,書き出した経験から気づくことがあるはずである。

　たとえば,部活動でマネージャーを務めていたとしよう。そこでは,どんな役割を果たしたか。部のスケジュールを把握・管理したり,部員たちの声を聞いて支えたりしたのではないか。こう考えていくと「スケジュール管理が得意」「人の意見をしっかり聞くことができる」という長所が見えてくる。

④視点を変えて長所(強み)につなげる

　面接では短所を聞かれることも多いが,その場合も長所につながるような答え方をしよう。まずは,「頑固→意志が強い」「せっかち→行動力がある」などと短所から長所を導き出してみる。もちろん,それがうそであってはならない。面接でも「短所を取り繕おうとしている」と思われるだけだろう。しかし「少し頑固だが,一旦決めたことは最後まで責任を持ってやり遂げる意志の強さがある」というとらえ方は大切である。

　これは「長所が思いつかない」ときにも有効な方法なので,ぜひやってみてほしい。

〈短所と長所の言い換え例〉

短　所	長　所
心配性 優柔不断 神経質 理屈っぽい 引っ込み思案	慎重,責任感が強い,計画性がある 慎重,思慮深い,柔軟性がある 几帳面,感受性に優れている 論理的,知識欲旺盛,冷静に判断できる 神経が細やか,人を補佐するのが得意

もう1つ,「短所を改善するために努力している点」を伝えること。

面接官が本当に知りたいのは，短所そのものでも，改善できたかどうかでもない。「**改善しようとしているか**」「**どう改善するか**」「**改善しようとする姿勢を仕事につなげられるか**」が大事なのだ。

　「せっかちなので，グループで作業をするときなどに周りを急かしてしまうことがありました。そうしたことを避けるため，最近では期日に余裕を持たせた計画表を作るようにしています。自分自身にも余裕ができ，落ち着いて取り組めるようになったと感じています」などと伝えることができれば，よい印象を与えることができるだろう。

⑤周りの人にも聞いてみる

　「自己分析する」「長所（強み）を考える」作業は，一人でしていると行き詰まったり偏ったりしてしまいがち。そこで必要となるのが，**第三者の客観的な意見**である。家族や友人といった周りの人にも，自分について聞いてみよう。

　たとえば，親には「子どもの頃はどんな子だった？」，友人には「何か印象に残っているエピソードある？」などと聞いてみる。あるいは，自己分析の結果を見せて思うところ，疑問に感じたところなどを話してもらう。このような「他己分析」には，「気づいていなかった自分の長所を，具体的なエピソードとともに知ることができる」というメリットがある。

　協力してもらうときは，面接の自己PRに必要である旨を伝えておくと，相手もイメージしやすく有効な意見が得られるだろう。

⑥長所（強み）を絞る

　たくさん挙げた長所の中から，**アピールできるものを絞っていく**。

　長所はいろいろあったほうがよいように思えるが，実はそうではない。あれもこれもとアピールしようとすると，かえってまとまりがなく，ダラダラした印象を与えてしまうのである。また，自己PRは時間が決められていることからも，長所はできれば１つに絞り，しっかり伝えよう。

　　長所を絞るときのポイントは,「仕事に活かせるか」に加え「求められている人物像に沿っているか」を考えること。たとえば,協調性や責任感を求めている面接官に「体力には自信があります！」とアピールしたところで意味がない。

　　こうしたミスマッチを起こさないよう,省庁や自治体で行われる説明会に参加するなどして,あらかじめ「**受験先が求める人物像**」を把握しておくことも必要である。

⑦経験を交えて話せるようにする

　　長所をアピールするときには,「その長所をどのような場面で発揮したか」具体的なエピソードを用意する。

　　たとえば「コミュニケーションを取ることが得意です」だけでは,面接官には響かない。「高校2年生の夏休みに,豪雨の被災地へボランティアに行ったことがあります」と実際の経験に結びつけ,

　　「実際に現地へ行ってみると,人によってニーズはさまざまだということに気づいた」

→「ほかのボランティアや被災者たちと積極的に話すようにし,誰が何を必要としているかを理解していった」

→「ニーズに合った活動ができ,とても喜ばれた」

というように展開して,具体的な成果を示す。

　　さらに,「地域の人たちの意見に耳を傾けて対応していきたい」など,これから「長所(この場合はコミュニケーション能力)をどう活かしていきたいか」を話せれば,グッと**説得力が増す**だろう。

面接カードに記入する

　　公務員試験では,面接前に「**面接カード**」を提出させるところがほとんどである。面接カードは民間企業の「エントリーシート」(ES)に当たるもので,面接はこのカードをもとに進められる。

書式は受験先によって異なるが，志望動機や性格，自己PR，学校生活についてなどを記入する欄があるので，先に行った自己分析の結果を踏まえて書いていこう。

①自己PR欄の書き方

自己PR欄のスペースに合わせて，簡潔かつ具体的に書く。スペースが極端に余っていたり，逆にはみ出してダラダラと書いたりしてはいけない。どの程度にまとめられるか，事前に書く練習をしておこう。

注意すべき点をまとめると，主に以下の3つ。

〈自己PRを書く際の注意点〉
・簡潔かつ具体的に書く。
・「長所」「その根拠（エピソードにつながるもの）」「仕事への活かし方」を明確に書く。
・面接官が読むことを意識して，わかりやすい文章を心掛ける。

②自己PR欄がない場合

自己PR欄がなく長所の欄しかない場合は，長所のみを書く。「今までにもっとも力を入れて取り組んだこと」といった欄があれば，そこに長所の根拠となるエピソードを書くとよいだろう。

面接カードについてはp.34〜で詳しく説明しているので，ぜひ参考にしてほしい。

③自己PRの伝え方

面接本番で自己PRするにも，効果的な伝え方というのがある。面接カードに記入した内容に沿って構成をしっかり組み，自然な流れで話せるようにしておこう。

④面接官は何を見ているか

伝え方を考える前に，「面接官は自己PRを通して何を見ているか」を知っておく必要がある。相手の立場に立って，相手の求めていること

がわかれば，おのずと「自分は何をどう伝えなければいけないのか」が見えてくるだろう。

POINT 1 どのような人となりか

面接官にとっても，受験生は初対面の相手である。短い時間内に，この受験生がどんな性格で，どんな考えを持っているかを知ろうとしている。**自分がどういう人間かを端的に伝え**，いかに興味を持ってもらうかが勝負である。

POINT 2 自己分析がしっかりできているか

自己分析は，自己理解につながる。自分自身を理解してこそ，自信を持った説得力のある自己PRができるのである。その伝え方や内容などから，面接官は「自己分析がしっかりできているか」「自分と向き合って成長しようとしているか」を判断している。

POINT 3 コミュニケーションが取れるか

一方的に話すだけが自己PRではない。当然，面接官からの質問もある。もっといえば，面接全体がアピールの場といえるだろう。「質問の意図をきちんと理解して答えられるか」「会話のキャッチボールができるか」を見て，コミュニケーション能力を図っているのだ。

POINT 4 一緒に働きたいと思えるか

これは重要なポイントである。面接官に「一緒に働きたい」「仕事を任せたい」と思ってもらうためには，やはり具体的にアピールすること。性格面だけでなく，公務員として「何がしたいか」「何ができるか」まで明確に伝えよう。

効果的な伝え方

自己PRは矛盾なく，**理路整然**としていなければならない。言葉がうまく出てこなかったり，逆にダラダラとまとまりなく話してしまったりと失敗しないためにも，事前にしっかり準備しておこう。

大事なポイントは，話の構成を意識すること。順序立てて話すことで面接官も理解しやすく，効果的に伝わるのである。これは，面接カードの自己PRの書き方にも通じる。以下を参考に，自分なりのPRを考えてみよう。

STEP ① 結論から述べる

　「私の長所は○○です」「私には△△という強みがあります」などと，まず初めに結論を述べる。説明から始めようとすると，ダラダラしたりくどくなったりしやすいため，面接官の関心が薄れてしまう。

　アピールポイントは冒頭で簡潔に伝え，面接官を「なるほど，それで？」と続きを聞く気にさせることが大事である。

STEP ② その根拠と経験を述べる

　冒頭で長所や強みを伝えたら，次にその根拠を述べる。

　「なぜ，それが長所だと言えるのか」「その長所をどのような場面で発揮したか」など「自分の経験」を伝えよう。面接官は，そのエピソードから「長所や強みが本当に備わっているか」を判断する。

　エピソードには，次のような要素を入れると，より具体的でわかりやすい。

〈エピソードに入れたい要素〉
○「いつ」「どこで」「誰と」といったエピソードの背景
○どのような問題や課題があったか
○問題や課題を解決するために何をしたか。また，そのための行動
○行動する中で，長所や強みを発揮した場面
○長所や強みを発揮したことで，どのような成果があったか

STEP ③ 仕事に活かせることを述べる

　エピソードから学んだこと，仕事に活かせることを述べる。

　ただ長所や強みを伝えるだけで終わってしまってはいけない。面接官は「それで何ができるのか」を期待しているのである。「この経験を通して○○を学びました。○○の心で業務に貢献したいです」「△△を活かして，街づくりに貢献していきたいと思っています」などと仕事につなげてまとめることが必要である。

🔥 伝えるときのポイント

・**自己PRは，面接カードに記入した内容に沿って話す**
　⇒異なった内容では「一貫性がない」と判断されてしまう。

・**エピソードの中に数字を入れる**
　⇒具体性が増す。たとえば「資格取得のための勉強を1日2時間，それを2か月続けました」など。

・**制限時間を意識する**
　⇒1分あるいは3分と，自己PRの時間を指定される場合も多い。それぞれの時間に合わせて，話をまとめておくことも大切である。

・**話すときのスピードに注意する**
　⇒話すスピードは，速すぎても遅すぎても聞きづらい。録音して，確認しながら練習してもよいだろう。

自己PRの基本は
理解できたかな？

なぜ社会人を採用するのか

近年，積極的に社会人を採用する自治体が増えており，令和元年度には全都道府県政令指定都市の**80%以上**で社会人採用試験が実施された。これは，国家公務員においても同様の傾向にある。

また，受験可能な年齢制限の緩和にも注目したい。なかには59歳まで受験可能な自治体もあるほどで，公務員への転職を望む社会人にとって，受験のチャンスは確実に広がっているといえよう。

なぜ，社会人採用を強化しているのか。その理由には，大きく次の3つが挙げられる。

①行政課題の高度化・複雑化

少子高齢化，グローバル化，ICTの進化など，時代は大きく変化している。そして，それらに伴い，**国民や住民の要望も多岐にわたるように**なってきた。行政課題はどんどん高度化・複雑化しているのである。

こうした課題に対応するためには，民間企業などで有用な経験を持つ，多様な人材を確保していかなければならない。**専門的な知識やスキルの**ほか，**公務員の世界以外から見た幅広い視野**が求められている。

②年齢構成の歪み

公務員試験の場合，毎年一定数の合格者を出すとは限らない。加えて，2000年代初頭には，行政改革によって採用数が激変した。人員削減を進めた自治体も多く，時期によっては採用者数ゼロのところも。その結果，**年齢構成に歪みが生じてしまった**のである。

現在は中堅職員が不足している状態で，これを是正するためにも社会人採用は必要とされている。

③人材の流動化

以前は，新卒で就職したら，そこで**定年**まで働くのが当たり前だった。しかし**人材の流動化**が進み，今や民間企業において転職は珍しくない。この流れは公務員にも押し寄せ，社会人を積極的に受け入れるようになったのである。

人口の減少に伴う労働力確保のためにも，社会人採用は今後ますます増えていくだろう。

社会人として求められるもの

面接試験で評価される能力は「積極性」「社会性」「コミュニケーション能力」など，基本は新卒者と変わらないが，やはりプラスαは求められる。新卒者以上に面接が重視され，社会人ならではの質問もされると心得ておこう。

2 自己PRの方法(p.11)では，長所(強み)を絞ってアピールする方法を説明したが，社会人の場合，自己分析の際に「**職務経験**」をしっかり掘り下げることが必要となる。「その経験を行政課題にどう活かせるか」を考えてアピールしよう。そのためにも**受験先の政策を研究**し，また，試験案内などで「求める人物像」を知っておくことも大事である。

では，社会人として求められるプラスαとは何か。以下に主なものを挙げてみよう。

①知識・経験

民間企業などで知識や経験を積んできた社会人は「**即戦力**」となり，場合によっては管理職として採用することもある。これが新卒者との大きな違いで，「業務にすぐ対応できる」「成果を上げられる」人物が求められているのである。

また，社会人にはビジネスマナーなどの基本的な常識が備わっているため，一から教える必要がない。採用側には「**教育コストを軽減できる**」というメリットもある。

②実行力

知識や経験があっても，行動しなければ意味がない。求められるのは「**実行力**」。ただ何かやればよいというものではなく，「課題に積極的に取り組む力」「計画性を持って確実に行動する力」が必要である。「高い目的意識を持ち，最後までやり遂げる」ことが大事で，これには責任感や論理的思考力なども伴う。

実行力は経験を重ねて身につくもので，その点でも社会人に期待が寄せられているといってもよいだろう。

③外部からの視点

ずっと公務員を続けていると，**視野が狭くなったり**，民間の感覚がわからなくなったり，ということにもなりかねない。

そこで求められるのが，**外部からの視点**である。民間の柔軟なものの見方や考え方，知識，ノウハウなどを取り入れることで，これまでになかった発想や価値観が生まれることが期待される。

社会人ならではの質問

「社会人ならではの質問」には，どんなものがあるだろうか。以下を参考に，答えを考えてみよう。

Q1　なぜ新卒で公務員を目指さなかったのですか？

公務員を目指さなかったことを責めているわけではないので，「家族や知人など周りに公務員がおらず，選択肢の中になかった」「公務員のことをよく知らなかった」など，**素直に答えよう**。そのうえで「なぜ公務員を目指そうと思ったか」を話せればなおよい。

もし，新卒時にも試験を受けていたがダメだったという場合は，その旨を正直に伝え，「それでも公務員を目指したい。民間で経験を積んできたので，その経験を地域のために活かしたい」と**前向きな姿勢をア**

ピールしよう。

Q2　前職では何をしていましたか?

「〇〇に勤めていました」「事務の仕事をしていました」などと一言で終わらせない。面接官は,前職で得た知識や経験を活かして活躍してほしいと期待しているのである。事務の仕事なら「スケジュールの管理」「議事録の作成」「売上のデータ入力」などいろいろあるだろう。あれこれ盛り込みすぎても逆効果だが,具体的に,何をしてきたかがわかるよう答えよう。

ちなみに,この質問の後に「その経験を仕事にどう活かしますか?」と質問されることも多い。そこまで答えられるように,セットでしっかり考えておく必要がある。

Q3　前職と仕事内容がまったく違いますが大丈夫ですか?

前職が,仕事内容に直接関係しない場合もある。しかし,何らかのスキルは必ず身についており,それを公務員の仕事に活かすことはできるはずである。たとえば,商社で営業をしていた場合「交渉に慣れている」「効率よく動ける」「数字に強い」などの強みが考えられ,そこからPR系の業務を任されるということもありうるだろう。

言葉に詰まらず,自信を持って答えることが大事である。

Q4　前職を辞めた(辞める)理由は何ですか?

「どうしても公務員になりたかったから」「公務員になって〇〇がやりたかったから」などと,志望動機につなげて答えるとよいだろう。たとえそうした理由でなくても,本音で語る必要はない。

注意すべきは「人間関係が嫌だった」「上司と合わなかった」「残業が多かった」「待遇がよくなかった」といった,ネガティブな理由を言わ

ないこと。自分の評価を下げ，「公務員になっても同じような理由で辞めてしまうのでは」と思われるだけである。

Q5 なぜ公務員なのですか?

なぜ民間ではなく，公務員を選ぶのか。これも志望動機につながる質問だが，ここでは次の2点を押さえておきたい。

○民間と公務員との違い，公務員の職務職責を理解しているか
○やりたいことは，公務員でしかできないことか

民間と公務員との違いは，端的に言えば「利益を追求する民間に対して，営利を目的とせず社会に奉仕するのが公務員」となる。公務員としての義務や役割などを理解した上で，答えを考えよう。

「両親が高齢で介護保険を利用するようになり，行政の役割に関心を持つようになったから」「○○市の△△プロジェクト事業を知り，その一端を担って地域に貢献したいと考えたから」など，自分なりの言葉で具体的に伝えたい。

Q6 民間と自治体で働くことの違いは何ですか?

Q5 にも関係しているが，さらに公務員としての適性を問うものである。したがって，先の「利益を追求する民間に対して，営利を目的とせず社会に奉仕するのが公務員」といった役割の違いではなく，**働き方の違い**を答えなければならない。

ここでキーワードとなるのが「**中立性・公平性**」。たとえば「民間では会社や自分の利益を優先しますが，公務員としては中立・公平を保ちながら，たとえば地域の人たちの要望に耳を傾け，柔軟に対応することが大事だと思います」などとすれば，面接官の意図を理解した答えとなる。

Q7 これまでに失敗したことを教えてください。

失敗談は「こういう失敗をしました。終わり」ではなく，その失敗に対して「どう対応し」「どう解決したか」また「何を学んだか」までがセットである。面接官は，その受け答えから常に「公務員にふさわしいかどうか」を判断しているということを意識しよう。

したがって，子どもの頃や学生時代の失敗ではなく，**社会人になってからの仕事上の失敗**が適している。公務員として働いた場合に，役立てることができるからである。ちなみに，まったく取り返しがつかなかったものや，人格が疑われるような失敗談は避けること。

Q8 転職について誰かに相談しましたか？

転職について，**家族などの理解が得られているかどうか**を確認する質問である。「本人が希望して内定ももらったのに，家族の反対で辞退」というケースは珍しくない。採用側としては大迷惑である。家族には事前に相談し，問題をクリアにしておくべきだろう。

相談すべき家族が特にいないという場合は，たとえば「知り合いの公務員に相談した」でもよい。公務員の仕事をある程度，理解した上で試験に臨んだことがよく伝わる。

Q9 給料は下がっても大丈夫ですか？

公務員の初任給は，規定に則って算出される。能力があるから，実績があるからといって，**その人だけが特別に上乗せされることはない**。しかも，民間の平均よりやや低く設定されている……ということを，ちゃんと理解して受験しているのか，念のため確認しているのである。

民間企業への転職であれば，事前に給与額の提示があり交渉も可能だが，公務員の場合はそれもない。それらを全部含めて，理解してい

と，大丈夫である旨をきちんと答えよう。

Q10　試験に落ちたらどうしますか？

　こう質問されると，「不合格にされるのだろうか」などと不安になる
かもしれない。でも心配する必要はない。面接官は「答えにくい質問に
対して，どう返してくるか」「想定外のことにも，しっかり対応できる
か」を見ているのである。

　「アルバイトを続けながら，来年も受けます」

　「経済的な理由もあり，もしご縁がなければ他で働きます」

　「他の自治体も受けているので，ご縁があればそちらで働きます」

など，答え方はさまざま。一番印象がよいのは「来年も受けます」だが，
間違っても「民間企業は大変なので来年も受けます」などと答えてはい
けない。これでは「公務員は楽だ」と言っているようなものである。

　正直なのはよいが，それを聞いて面接官がどう思うかまでをしっかり
考えなくてはいけない。誠実に，落ち着いて答えよう。

　以上，10の質問の例を挙げたが，これを読んで答え方が少しずつ見
えてきただろうか。最後に，肝心なことを1つ伝えておこう。

　「面接はアピールの場」とはいえ，質問の受け答えのたびに自己PR
しようとしたり，熱意を見せようとしたりしてはいけない。あれこれ必
死にアピールすればするほど質問から外れ，面接官からは「そんなこと
まで聞いていない」「関係ない話をダラダラするな」と思われるだけで
ある。

　確かに，一言で終わらせてはいけない場合もある。バランスが難しい
が，大事なのは「簡潔に，わかりやすく」答えること。時間も意識しな
がら，面接官の立場になって考えよう。

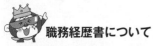

職務経歴書について

　また社会人試験の場合は，面接カードに加え，民間企業の転職の際と同様に職務経歴書を求められるので準備しておこう。これまで行ってきた仕事を整理して，業務の棚卸しをしよう。

　勤務先，部署名，役職，在職期間，資格，免許，業績，業務の内容について記述することが多い。スペースが限られている場合と，ある程度のスペースで自由に記入する場合がある。職務経験については面接でも聞かれるし，作文試験でも「これまでの業務での実績とそれを県政にどう活かすか」などと問われる場合もある。

　在職期間や雇用形態(正社員，アルバイト)などについて記載の条件がある場合もあるので，受験する自治体のホームページなどで確認しておこう。

面接試験の事前準備

・公務員試験の合格を勝ち取るためには面接対策も欠かせない。早め早めの準備が大事である。
・スケジュールを立てて準備を進め,本番に向けて練習を重ねていこう。

1 面接試験までにできること

スケジュールを立てる

「面接対策のためにスケジュールを立てる」という人は意外に少ない。しかし,情報収集,自己分析,面接練習と,面接前に準備しなければならないことはたくさんある。きちんとスケジュールを立てず,「何とかなる」「まだ大丈夫」などと適当に進めていると,結局付け焼き刃な対策しかできずに失敗,ということになってしまうだろう。

情報収集や自己分析などは,できれば筆記試験の2か月前には終わらせておきたい。筆記試験の直前は筆記の勉強に集中し,筆記試験が終わったら面接の練習に取り組むのである。筆記に合格してから,慌てて面接の準備を始めても間に合わない,と肝に銘じておこう。

〈スケジュール〉
・筆記試験の3か月前→情報収集,自己分析を始める
・筆記試験の1か月前→筆記試験に集中!
・筆記試験後→面接の練習

いつからスタートするのか

まず,受験先の試験日程・内容を確認する。筆記試験の日から逆算して,面接の準備をいつから始めたらよいかを考えよう。

先に述べたように,情報収集や自己分析などは,筆記試験の2か月前

には終わらせておきたい。となると，遅くともその3か月前に準備をスタートさせることになる。「えっ，そんなに前から始めるの？」と思う人もいるかもしれない。しかし，たとえば自己分析は二度，三度と行って修正し，さらに，それを基に想定問答を練っていく必要がある。しっかり対策するためには，それだけ時間がかかるのである。遅くとも3か月前には始めよう。

　複数受験する併願の場合，スケジュールの管理が難しくなり，混乱してしまうこともある。第一志望合格を念頭にして，無理のないスケジュールを立てよう。

⑴**面接前に準備すること　――情報を集める**

・**受験先について**

　試験や公務員関連の情報だけでなく，志望する官公庁や自治体について，あるいは職種の業務内容についての情報も集めておきたい。次の官公庁・自治体データを作っておこう。

官公庁・自治体データ

●**志望する省庁や自治体のデータ**

□官庁名	□住所・電話番号
□大臣・知事・市長の名前	□組織機構（本庁，出先，関連機関）
□仕事の内容	□現在の行政課題
□年度予算額	□主なプロジェクトや事業
□職員数	□試験情報（日程，試験内容）
□採用動向	□勤務地，転勤の有無
□志望職種の仕事内容	□給与，休暇，研修，福利厚生

●**都道府県や市町村のデータ**

□人口	□面積	□市町村数	□県民所得
□県花，県木，県鳥，マスコット	□歴史		□文化財
□観光地	□特産物	□産業	□祭り，イベント
□その自治体の特色，PRポイント			□その自治体の課題

「官公庁や自治体のHP・パンフレット・広報誌」「説明会やセミナー」などが情報源として活用できる。また、**公務員の知り合い**や受験する仲間から話を聞くなどしても、有効な情報が得られるだろう。

情報から各官公庁や自治体の特徴を知ることで、「なぜ公務員になりたいのか」「なぜその自治体で働きたいのか」といった**志望動機**や、「自分は何がしたいのか」「長所や強みをどう活かせるか」など**自分自身の考え**が、はっきりしてくるはずである。自信を持って面接に臨め、面接官にも好印象を与えることができるだろう。

・面接試験について

受験先によって、面接の進め方はさまざまである。たとえば、**個別面接**だけのところもあれば、さらに**集団面接や集団討論**を行うところもある。面接カードについても統一されていない。形式が異なれば、カードを事前に提出するかどうかも違う。受験先ではどのように面接が行われるか、しっかり下調べをしておく必要があるだろう。

ちなみに、公務員試験においては、2次試験の合格者（最終合格者）に対し「採用面接」を行うことがある。その場合、最終合格が即採用とはならず、「**最終合格**」→「**採用面接**」→「**採用内定**」→「**採用**」のプロセスを経なければいけない。

国家公務員を目指す人は、「**官庁訪問**」の面接で内定を取ることになる。また、地方初級でも採用面接を行うところがあるので、間際になって慌てないよう事前に確認しておこう。

・時事問題について

「最近関心を持ったニュースは何ですか？」「○○問題についてどう思いますか？」など、面接では**時事問題**や**社会問題**に関する質問をされることも少なくない。一般常識の程度や、その人のものの見方や考え方を問うものである。

このような質問への対策は、日頃から**新聞やテレビ**などをチェックし、

時事ネタや大きな事件を押さえておくこと。時事問題をまとめた本を読んでもよいだろう。そして，それらの問題に対してどう思うか，自分なりの意見を持っておくことも大事である。

(2)自己分析をする

　面接での質問に適切に答えるには，受験先のことを知るだけでなく，自分のことも知る必要がある。

　自己分析は早めに始め，過去の経験や思考を丁寧に整理していく。そして，これを繰り返し行い，自己への理解を深めていこう。自己理解が深まれば，さまざまな質問にも適切に，落ち着いて答えることができる。

　この段階で，面接においてどのような質問をされるのかを想定し，それらに対する答えを用意しておこう。とはいえ，マニュアルどおりの回答では意味がない。じっくり時間をかけて「自分の言葉で」「相手に伝わる」回答を作っていくこと。自分らしさを大切にしよう。

　ここまで情報集めと自己分析を筆記試験の2か月前に終わらせ，筆記試験後，面接練習に専念できるようにすることが大切である。

(3)面接の練習をする

　本番を想定した面接の練習を進める。ある程度まで情報収集や自己分析を済ませていれば，練習に専念できるだろう。練習の仕方としては，次のようなものがある。

模擬試験を受ける	⟶ 予備校などで行われているので利用する。
一人で練習する	⟶ 鏡に向かって練習する。スマホなどの録音・録画機能を使って練習する。
複数人で練習する	⟶ 家族や友人に面接官役を頼む。模擬面接を受ける。
企業の面接を受ける	⟶ 民間企業も受けて，面接に慣れる。

練習とはいえ，本番さながらに緊張感を持って行うこと。繰り返し行うことで回答の内容，表情，話し方などを改善し，完成度を高めていこう。

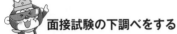

面接試験の下調べをする

面接には，「個別面接」「集団面接」「集団討論（グループディスカッション）」の3つの形式がある。

公務員試験で必ず行われるのが個別面接だが，それに加え，近年は集団面接や集団討論を行うところも増えている。これは自治体や職種によって異なるので，受験先がどのような形式を採用しているのか，前もって確認しておこう。

どの面接にも共通しているのは，**面接カードや履歴書**，職務経歴書などの記入事項に沿って進められるということである。したがって，面接カードの書き方も重要になってくる。

ここでは，それぞれの面接形式の概要を説明していこう。

⑴個別面接

受験者の人数	1人
面接官の人数	3〜5人程度
面接時間	15〜20分程度

「個人面接」ともいわれ，**面接官に対して受験者1人の形**で行われる。面接時間をすべて1人に使えるため，**掘り下げた質問を投げ掛けられる**ことが多い。慌てずに落ち着いて答え，志望動機など自分をしっかりアピールしよう。その際，注意すべきは，一方的にならないということ。面接官一人ひとりに目を向けながら「会話のキャッチボール」を意識することが大切である。

(2)集団面接

受験者の人数	5〜8人程度
面接官の人数	3人程度
面接時間	50〜60分程度

　他の受験者と一緒に行われ、質問に対して順番に答える場合と、挙手をして自ら率先して答える場合がある。個別面接と異なり「比較」の視点が入るため、自分なりの答えをしっ

かり準備しておくこと。他の受験者の発言に引きずられないようにしたい。また、他の受験者が答えている間の「聞く姿勢」もチェックされているので、注意が必要である。

(3)集団討論

受験者の人数	5〜8人程度
面接官の人数	3人程度
面接時間	40〜60分程度

　複数で1つのグループを構成し、与えられたテーマに対して討論するというもの。グループとしての結論を出すことが求められる。面接官は

討論の過程を通して、各受験者の発言能力、協調性、リーダーシップ、さらには表情や態度なども観察している。自分の意見をきちんと発言すると同時に、他の受験者の意見を尊重することも大切である。

面接カードを書く

　面接の際に参考資料となるのが、面接カードである。このカードにも

とづいて質問されることが多いので，カードの書き方や内容には細心の注意を払おう。面接カードは，事前に提出する場合と当日記入する場合がある。事前提出のときは，記入した内容を忘れないようにコピーしておくとよいだろう。当日記入のときは，時間内に書けるよう練習しておく必要がある。

書式は受験先によって異なるので事前の確認が必要だが，志望理由，趣味，クラブ活動，打ち込んだこと，性格（長所・短所），自己PRなどを記入させるところが多い。丁寧に，読みやすく書いていこう。

(1)面接カードの書き方

①丁寧に読みやすく書く

「字が下手」「自信がない」という人もいるだろう。確かに，字は上手いほうがよい。しかし，大事なのは「人に読んでもらうもの」ということを意識して「丁寧に書く」ことである。「内容に矛盾はないか」「誤解を招くような表現はないか」など，何度も読み返してチェックする。また，記入欄に書き込み過ぎても，余白が多くてもよくない。文字の大きさや文字数など，バランスを考えて書こう。誤字や脱字にも気をつける。

②具体的に書く

特に志望動機や自己PRは，具体的な経験などを交えながら書くと説得力が増す。「いつ」「どこで」「誰が」「何を」「なぜ」「どのように」を意識すると，伝わる文章になるだろう。文章以外でも，たとえば趣味の場合「読書」と書くだけでなく，好きなジャンルや作品名を添えるとよい。

(2)面接カードを書くときの注意点

面接カードを書くときはさらに次のことを注意しておこう。

- ・いきなりボールペンで書かない。必ず下書きをすること。
- ・面接を想定しながら書いて，しっかり回答できるようにする。
- ・事前提出の場合は，面接カードをコピーして繰り返し練習する。

〈面接カードの記入項目例〉

□志望動機
　①公務員を志望する理由
　②当自治体（官庁）を志望する理由
□挑戦したい仕事
□併願先
□長所・短所
□趣味・特技
□資格・免許
□専攻分野・得意科目

□クラブ・サークル活動
　（大会への出場経験や成績など）
□最近読んだ本
□最近関心を持った事柄
□これまでで印象深かったこと
□これまでに打ち込んだこと
　①学業や職務において
　②学業や職務以外において
□自己PR

〈面接カードの例〉

（一般職社会人用）

（一般職高卒用）

面接マナーと身だしなみ

面接官に「感じがいい」「きちんとしている」と好感を持たれるには，社会人として基本のマナーが身についていること，身だしなみが整っていることの2点が重要となる。

「好感とか採用の合否に関係あるのか」「外見的なことも影響するのか」と疑問に思うかもしれない。しかし，人は誰でも，まず外見的な印象から相手を見ていくものである。それは面接においても同様で，会話以前の問題であることは否めない。

「外見は内面の表れ」とも考えられている。改めて自分のマナーや身だしなみを見直し，印象で損をしないように気をつけよう。

(1)身だしなみとは

ここでいう「身だしなみ」には，髪型や服装だけでなく，**表情，仕草，言葉づかい**なども含まれる。面接官は，身だしなみ全体を見て，受験者の人となりを見ようとするのである。

たとえば，服装。「スーツを着ているから大丈夫」ではなく，スーツにしわはないか，ボタンはきちんと留められているか，シャツは黄ばんでいないかなど，細かいところまでチェックしなければならない。

あるいは，服装に問題がなくても，うつむき加減で表情が暗ければ「消極的」「人づき合いが苦手」とマイナスのイメージでとらえられる可能性が高く，改善する必要があるだろう。

身だしなみにおけるキーワードは「清潔感」と「爽やかさ」である。手入れされた清潔感のある髪型・服装に加え，爽やかでハキハキした挨拶や受け答えができれば，面接官に対して好感度を大きく上げることができるだろう。

⑵クセに注意

　仕草や話し方などで注意すべきは，無意識に出る「癖（くせ）」である。本人は無意識でも，周りは結構気になるもの。場合によっては面接官に悪印象を与え，不合格ということにもなりかねない。

　気になる癖には，髪を触る（いじる），話しながら顔や頭を触る，腕や足を組む，貧乏揺すり，あいづちが「はいはい」，話すときに「〜がぁ」「〜でぇ」「みたいなー」と語尾を伸ばすなどがある。いくら身だしなみに気をつけても，よくない癖が出てしまっては台無しである。心当たりがあれば，意識して直す努力をしよう。

地元で仕事
してみたい？
みたいなー

⑶面接の場は面接室だけではない

　「面接の場は面接室だけではない」と心得ておこう。「受付けや廊下ですれ違った人にも，きちんと挨拶や会釈をする」「控え室などで大声でしゃべったり，だらしのない態度を取ったりしない」など，常に「面接に来ているのだ」ということを忘れずに。建物に入ったらというより，建物に入る前から，緊張感を持って臨むことが大切である。

服 装

＊高校生の場合は制服を着用するが，以下も参考にしよう。

〈男性の服装周りチェックポイント〉

スーツ

□スーツの色は黒，濃紺，チャコールグレーがおすすめ
□上着のボタンは正しくとめられているか（一番下のボタンはとめない）
□上着にもズボンにもしわがないか
□ズボンの折り目は綺麗についているか

ワイシャツ

□色は白か
　（下着も白無地）
□しわがないか
□襟や袖口に汚れは
　ないか

ネクタイ

□派手ではないか
　（ブルー系やイエ
　ロー系が無難）
□曲がりや緩みはな
　いか

靴・靴下

□黒色のビジネス
　シューズか
□靴は綺麗に磨いて
　あるか
□靴下は黒，濃紺

髪型・顔

□髪の色は地毛が基
　本
□短髪で清潔感のあ
　る髪型か
□寝癖はないか
□ひげの剃り残しは
　ないか

その他

□爪は切ったか

〈女性の服装周りチェックポイント〉

スーツ

- □スーツの色は黒，濃紺，チャコールグレーがおすすめ
- □上着のボタンは正しくとめられているか
- □上着にもスカート・パンツにもしわがないか
- □スカートの場合，座ったときに膝上が出ないか
- □パンツの場合，折り目は綺麗についているか

シャツ・ブラウス

- □色は白で，下着は透けていないか
- □しわがないか
- □襟や袖口に汚れはないか

靴・ストッキング

- □黒色のパンプスが基本
- □パンプスは綺麗に磨いてあるか
- □ヒールは高すぎないか
  （3〜5cmがベスト）
- □ストッキングは柄のない肌色系か
  （学生服の場合は，学校で履いている靴下）
- □ストッキングは伝線していないか

髪型・顔

- □髪の色は地毛が基本
- □長髪の場合はまとめておく
- □前髪は切るか留めるかして，顔がすっきり見えるか
- □メイクはナチュラルか
  （制服の場合はノーメイク）

その他

- □爪は切ったか
- □アクセサリーを付けていないか
  （ネイルアートやアクセサリーはないほうが無難）

言葉づかい

　言葉づかいについては，面接時に敬語を適切に使えることが理想である。しかし，敬語は急に使えるものではない。無理をしても，かえってぎこちなく，不自然な日本語になるだけである。

　「敬語に慣れない」「どう使ってよいのかわからない」という人は，まず「～です」「～ます」といった「丁寧な言葉づかい（丁寧語）」から始めよう。先生や先輩，アルバイト先の人など，目上の人に接する機会，敬語を使う機会はいくらでもあるはずである。

　敬語の種類にはほかに「尊敬語」「謙譲語」があるが，これらもどのようなものがあるかを学びながら，少しずつ使って慣れていけばよい。言葉づかいは慣れである。できるだけ日常生活に取り入れて，面接で「失礼のない言葉づかい」ができるようにしておこう。

(1)丁寧語

　相手に対して丁寧に述べる言葉。語尾に「です・ます」がつく。「ございます・おります」も丁寧語だが，通常の会話や面接のときにはあまり使うことがないだろう。ただし，もし謝るような場面があれば，「申し訳ございません」ぐらいはスッと口から出るようにしておきたい（「申し訳ありません」でもOK）。

> 例　・私は高校生です。　　・テニス部に所属していました。

(2)尊敬語

　動作の主体である話題の中の人物（相手・相手側の人物など）を高めて言う言葉。相手や相手側の人物の動作に対して使う。

> 例　・お客様がいらっしゃいました。　　・先生が話される。
> 　　・少々お待ちください。　　　　　　・お名前，ご住所

(3)謙譲語

　話題の中の人物(自分・自分側の人物など)の動作が向かう相手を高めて言う言葉。自分や自分側の人物の動作に対して使う。

> 例　・友人の家で夕飯を<u>いただく</u>。　　・資料を<u>拝見しました</u>。
> 　　・ご挨拶<u>申し上げます</u>。　　　・<u>お手紙を差し上げる</u>。

〈よく使う尊敬語と謙譲語〉

	尊敬語	謙譲語
言う	おっしゃる	申す・申し上げる
行く・来る	いらっしゃる	参る
食べる	召し上がる	いただく
見る	ご覧になる	拝見する
聞く	聞かれる・お聞きになる	伺う
する	なさる	いたす

　自分や身内の呼び方にも注意が必要である。

✖俺, ぼく, あたし, 自分 → ⭕わたし, わたくし

✖お父さん, お母さん, お兄ちゃん, お姉ちゃん → ⭕父, 母, 兄, 姉

　また, 自分や身内の動作には「父が申しておりました」のように, 謙譲語を使うようにしよう。

> 面接官に対して「お父さんがそのようにおっしゃいました。」はNGです。

 **立居振る舞い**

　先に，身だしなみのキーワードは「清潔感」と「爽やかさ」であると述べたが，立居振る舞いにも同じことがいえる。爽やかな挨拶，スッとした姿勢のよい立ち方・座り方は，実に感じがいいものである。

　この「感じがいい」が，まず大事。面接試験においては，「**すべての動作が評価対象となる**」と肝に銘じておこう。面接での受け答えでは「何を答えるか」だけでなく「どのように立居振る舞い，どのような表情や声で伝えるか」まで考えなくてはいけないのである。

　もちろん，必要以上にかしこまることはない。考えすぎ，緊張しすぎで，逆にぎくしゃくした動きになってしまう心配もある。練習で，自分の立居振る舞いを鏡で見たり，録画して見たりして慣れておくとよいだろう。

(1)好印象を与える挨拶

　面接会場では，受付けや入退室のときなど，挨拶をすることが多い。挨拶がしっかりできれば，面接官だけでなく周りの人たちにも好印象を与えることができるだろう。

　基本は「**明るく元気よく**」。口の中でモゴモゴ言っているだけ，ボソッとつぶやいているだけでは，相手にちゃんと伝わらない。相手の目を見ながら「こんにちは」「失礼します」「ありがとうございました」など，はっきりした声で挨拶しよう。

　また，廊下などですれ違う人には，会釈(軽いお辞儀)をする場合もある。知らない顔をして通り過ぎないよう気をつけること。

(2)好印象を与える立ち方

　普段，自分の立ち姿を意識しているだろうか。首を突き出していたり胸を反らせすぎていたりと，自分では意外に気づかないものである。

　スッとした立ち姿は美しいだけでなく，自信を感じさせる。ポイントは，**背筋を伸ばすこと**。頭のてっぺんを天井から引っ張られているよう

なイメージを持つと，自然に伸びてよい姿勢になるだろう。

POINT

- □胸を反らすのではなく，背筋を伸ばす
- □軽くあごを引く
- □肩の力を抜いて，自然に手を伸ばす（女性は，へその下あたりで両手を重ねる）
- □かかとを合わせ，つま先は握りこぶし1個分ほど開く

(3)好印象を与える座り方

座っているときも，立っているときと同じように**背筋を伸ばす**。イスの背もたれには，**背中をつけないようにしよう**。

体に力を入れすぎるのもよくないが，リラックスしすぎると座り方がだらしなくなるので，注意が必要である。

POINT

- □背筋を伸ばして，浅めに座る
- □軽くあごを引く
- □足の位置：男性は肩幅ぐらいに開く。女性は両膝をつけて揃える
- □手の位置：男性は軽く握って太ももの上に置く。女性は手を重ねて太ももの上に置く

⑷好印象を与える話し方

　面接での受け答えや自己PRをいくら周到に用意しても，その伝え方が悪ければすべて台なしである。**伝え方**とは，すなわち**話し方**のこと。したがって，話し方は面接において非常に重要なのである。

　話し方の基本は「聞き取りやすさ」にある。ニュースや報道番組における，アナウンサーの話し方を思い浮かべるとわかりやすいだろう。「アナウンサーのような話し方なんて無理」などと思う必要はない。プロの話し方を目指すのではなく，参考にする。そして「**聞き取りやすさ**」を意識することが，話し方の上達のコツなのである。

POINT 1 はっきりと発音する

　ボソボソした話し方では，「自信がなさそう」「暗い」などと思われかねない。やる気を伝えるためにも，ハキハキと滑舌よく話そう。

POINT 2 適度な大きさ，速さで話す

　声が小さすぎると聞き取りにくいが，大きすぎるのも不快なものである。また，早口に注意し，落ち着いて話すことを意識しよう。

POINT 3 相手の目を見て話す

　相手の目を見て話すのは，マナーである。目をじっと見つめるのに抵抗があれば，相手の顔全体，鼻や口のあたりを見るとよいだろう。

　その他，次のような話し方をしていないか，チェックしてみよう。

〈話し方のNG〉

□「えー」「まあ」など，無駄な言葉が多い
□「マジ」「ヤバイ」などの言葉をよく使っている
□「そうっすか」「いいっすね」などを敬語として使っている
□「～がぁ」「～でぇ」などと語尾を伸ばす
□「私のコミュニケーション能力？をさまざまな場で？活かしたいと……」
　などと不自然に疑問形が入る
□「〇〇とか……」「△△だったり……」と言葉の最後を言い切らない

⑸**好印象を与える聞き方**

　面接を自己PRの場だと考えると，どうしても話し方ばかりに意識がいってしまう。しかし，話し方同様，聞き方も重要であることを忘れてはいけない。なぜなら，会話は「聞くこと」と「話すこと」で成り立っているからである。

　人の話を最後まで聞かずにしゃべり出したり，人に口を挟む間も与えず一方的にまくし立てたりする人は意外に多い。このような「人の話を聞く気がない」自己中心的な態度は，相手を不快にさせるだけである。面接に限らず失礼だろう。

　面接では，面接官の言うことをよく聞くこと。また集団面接の場合は，試験官だけでなく他の受験者の話にもきちんと耳を傾けよう。

POINT 1　最後まで聞く

　話（質問）は最後まで聞く。「はいはい，わかった」とばかりに途中から話し始めないこと。「会話のキャッチボール」を心掛けよう。

POINT 2　表情・態度に気をつける

　真剣に聞くのは大事だが，緊張のあまり怒ったような表情にならないよう気をつけよう。逆に，ボーッとした表情も，話を聞いていないようで好ましくない。タイミングを見計らいながら，うなずいたりあいづちを打ったりすると，聞いていることを伝えられるだろう。

POINT 3　相手の目を見て聞く

　キョロキョロしたり，うつむいたりしていると「話を聞いていない」と思われる。話し方と同じで，ちゃんと相手の目（顔）を見ること。

入退室の流れ

　面接室への入室から退室まで，一連の動きは面接官にしっかり見られている。身だしなみや立居振る舞いなどで述べてきた「清潔感」「爽やかさ」「明るく元気よく」をここで存分に活かそう。

大きな動きの中には「挨拶する」「お辞儀をする」「歩く」「座る」「立つ」がある。一つ一つを丁寧に，落ち着いて行うこと。たとえば緊張すると，右手と右足(左手と左足)を同時に出して歩いてしまうことがあるが，これは悪い意味で面接官の印象に残ってしまう。普段から歩き方(動き)を意識して体に慣れさせておけば，必要以上に緊張せず，落ち着いて動けるはずである。

何度も繰り返すように，面接官は「公務員として仕事を任せられるか」「一緒に仕事がしたいと思えるか」を見ている。一連の動きから，少しでも「感じがいい」「キビキビしている」などと好印象を持ってもらうことが大事なのである。

(1)入室まで

先に「面接の場は面接室だけではない」と述べた。控室や廊下などで待っている間の態度も大切である。

待っている間に他の受験者と話すこと自体は悪くないが，小さな声で，周りに迷惑をかけないようにしよう。大声を出したり，ゲラゲラ笑ったりするのは厳禁。また，イスに足を組んで座ったり，スーツやシャツのボタンを外したりと，だらしない姿勢や格好になってもいけない。

待っている間は，できるだけ一人で静かに過ごす。「目を閉じて心を落ち着かせる」「面接カードを見直す」「頭の中で面接をシミュレーションする」などして緊張を解きほぐしながら，静かに自分の番を待とう。

ちなみに，いつもの調子で携帯電話を触りたくなるかもしれないが，面接に集中していない印象を与えるのでやめておきたい。**携帯電話の電源はオフにしておくのが常識である。**

(2)入室から着席まで(個別面接の場合)

第一印象を大きく左右する入室は，特に大事である。自分の番号や名前を呼ばれたら，その場で「はい」と元気よく返事をして，面接室へ向かおう。

①ドアをノックする

面接官に聞こえるように，3〜4回ドアをノックする。

＊必要以上に強くノックしない

＊ノックが不要の場合もある

②入室する

面接官の「どうぞ」「お入りください」という声が聞こえたら，「失礼します」と言ってからドアを開け，入室する。

③ドアを閉める

後ろを向いて，ドアを静かに閉める。後ろ手で閉めるのはNG。

④お辞儀をする

面接官のほうへ向き直り，「失礼します」と言ってからお辞儀をする。

＊お辞儀は，30度程度の敬礼

⑤イスのそばに立つ

イスの後ろ，またはドアに近い側まで歩いて進み，姿勢を正して立つ。

⑥挨拶する

面接官に「受験番号○○番，△△(氏名)です。よろしくお願いします」と元気よく言って，お辞儀をする。

＊お辞儀は，45度程度の最敬礼

⑦着席する

「どうぞ」「おかけください」と言われたら，「失礼します」と言って着席する。

＊面接官からの指示がない場合は，やや間をおいてから着席する。

⑶面接終了から退室まで(個別面接の場合)

「やれやれ終わった」などと安心せず，最後まで気を抜かないようにしよう。面接官は，退出してドアが閉まるまでをしっかり見ている。

①お礼を述べる

面接官に「面接は以上です」「これで終わります」などと面接終了を

伝えられたら，着席したまま「はい，ありがとうございました」とお礼を述べる。

②もう一度お礼を述べ，お辞儀をする

イスのそば(入ってきたときと同じ側)に立ち，改めて「本日はお忙しい中，ありがとうございました」と言ってから，お辞儀をする。

  ＊お辞儀は，45度程度の最敬礼

③ドアの前でお辞儀をする

ドアの前まで歩いて進み，面接官のほうへ向き直る。「失礼します」と言ってからお辞儀をする。

  ＊お辞儀は，45度程度の最敬礼

④退出する

ドアを開けて退出する。静かにドアを閉める。

  ＊ドアを閉める際，面接官と目が合ったら会釈する。

〈入退室時の注意点〉
＊「失礼しました」「ありがとうございました」といった挨拶とお辞儀を同時にしない。挨拶が終わってからお辞儀をする，が原則である。
＊たとえ面接がうまくいかなかったとしても，それを表情や態度に表さない。最後まで気を抜かず，しっかり行動しよう。
＊マナーにこだわりすぎない。面接官の指示に従って，臨機応変に。

⑷お辞儀の仕方

お辞儀にも，腰を曲げる角度によって種類がある。次の3種類を，場面ごとに使い分けできるようにしておこう。

会釈：人とすれ違う際などにする軽いお辞儀

敬礼：目上の人などにする一般的なお辞儀

最敬礼：感謝や謝罪の際などにする丁寧なお辞儀

会釈　　　　　　　　敬礼　　　　　　　　最敬礼

〈綺麗なお辞儀のコツ～最敬礼の場合〉

　お辞儀の仕方によって，与える印象は大きく変わる。丁寧なお辞儀を心掛けよう。

①まっすぐ立って，相手(面接官)の顔を見る。

　＊ここで「よろしくお願いします」などと言う。

②背筋を伸ばして，上半身を傾ける。

　＊首からではなく，腰から曲げる。

③頭を下げたまま，2～3秒止める。

④4～5秒かけてゆっくり起き上がり，相手(面接官)の顔を見る。

① ② ③ ④

 当日慌てないために

　面接も目前となれば，誰でも緊張したり不安になったりするだろう。そんな緊張や不安を和らげるには，事前にしっかり準備しておくことが

大事である。せっかく立居振る舞いや想定問答の練習をしても，遅刻や忘れ物で大失敗してしまっては元も子もない。準備をしておけば，時間にも気持ちにも余裕ができる。当日，慌てず落ち着いて本番に臨めるよう，万全の準備を整えよう。

(1)時間厳守

いうまでもないが，遅刻は絶対してはいけない。面接に遅れるような人は「時間にルーズ」と思われるだけでなく，「相手の大事な時間を平気で奪う人」ということにもなりかねない。

余裕がないほど緊張は高まるもの。ギリギリで動くことを避け，会場には10分前ぐらいに着くことを心掛けよう。その前に，最寄りの駅などでトイレを済ませ，身なりを整えておくとよい。それでもどうしても遅刻しそうなときは，できるだけ早く連絡を入れること。

注意が必要なのは，時間に遅れないようにと30分も1時間も前に到着してしまうこと。相手にも都合がある。決められた時間に合わせて行動しよう。

(2)会場確認

遅刻をしないためにも，面接会場の確認は必要である。地図で場所を確認しただけで終わらせる人もいるが，そうすると「思ったより時間がかかった」「乗り換えに迷った」といった問題が起きる可能性もある。

前もって下見し，「面接会場までの経路」「交通機関」「所要時間」などを実際に確認しておくことが望ましい。確認は，本番当日と「同じ曜日」「同じ時間」で行うと，交通機関の混雑具合などがわかってオススメである。

(3)持ち物チェック

面接当日に着る服（しわにならないようハンガーに掛けておく），靴，バッグ，持ち物は，前日までに用意しておこう。持ち物は，当日朝にももう一度，余裕を持って確認すること。

〈持ち物チェックリスト〉

□面接カード，面接カードのコピー

□受験票

□一次試験合格通知

□筆記用具，手帳

□現金，交通機関ICカード

□身分証明書(生徒手帳，学生証など)

□腕時計(派手でないもの)

□携帯電話

□ハンカチ，ティッシュ

□薬(普段から服用しているもの)

□面接対策の資料(対策本など)

□飲み物，お菓子(アメやチョコレートなど)

□弁当(昼食が必要な場合)

□地図(面接会場案内)

□くし，手鏡

□化粧品(社会人や大学生)

□靴下(男性の予備)

□ストッキング(女性の予備)

□折り畳み傘

□上履き，ビニール袋(必要に応じて)

□マンガ以外の本(待ち時間用)

□マスク，携帯用消毒液

事前準備はOK？
続いて攻略法を
押さえよう！

テーマ 03 個別面接の攻略法

- 個別面接では，受験者を1人ずつ面接するため，掘り下げた質問をされることが多い。
- 集団面接などに比べて，自分をアピールしやすいのも特徴である。

1 個別面接って？

個別面接はもっとも基本となる面接形式で，**受験者1人に対して，面接官3〜5人で行われることが多い**。場合によっては面接官が1人，あるいは逆に多くて8〜10人のこともあるが，面接官の人数に左右されず，落ち着いて臨むことが大切である。

面接時間は**15〜20分程度**が一般的で，長くなると30分〜1時間程度かかる。実際に模擬面接などを受けてみるとわかるが，15分程度ならあっという間に感じるだろう。しかし，集団面接などに比べれば，1人の持ち時間は十分長い。その時間内に，しっかりアピールできるようにしておくことがポイントとなる。

p.36からの面接のマナーでは，「入退室の流れ」を確認したが，ここでは質問の流れを中心にみていこう。

個別面接の流れ

(1)控室で待機

面接会場に着いたら受付けを済ませ，指示に従って控室あるいは廊下で待機する。待機している間は基本的に自由で，飲み物を飲んだり本を読んだりすることも可能である。ただ，「面接カードを見直す」「想定問題集を読む」「頭の中で面接をシミュレーションする」といった，**面接試験に関連のある行動を意識した**ほうがよいだろう。

待機時間は受験先や受験番号などによって大きく異なるので，特に長

くかかると予想される場合，どのように過ごすかを考えておく必要がある。適度に余裕を持つことは大事だが，だらけてしまってはいけない。

(2)入　室

　自分の順番がきたら，指示に従って控室から移動する。一般的には，面接室の前にイスが置いてあり，そのイスに座って前の受験者が終わるのを待つことが多い。落ち着いて待とう。

　前の受験者が面接を終えて出てきても，すぐには入室しない。自分の番号や名前を呼ばれてから，「はい」と元気よく返事をして面接室の前へ進み，ドアを3〜4回ノックする。面接官の「どうぞ」などの声が聞こえたら，「失礼します」と言ってドアを開け，入室する。

　このとき，手荷物があれば，荷物置き場として用意された机の上などに置くか，特に何も言われなければイスに座って自分の横（足元）に置く。

(3)導入の質問

　受験者が着席して，いよいよ質問スタート。面接官や面接時間にもよるが，「昨夜は眠れましたか」「朝食は食べましたか」「試験会場までどのように来ましたか」といった気軽な質問から入ることが多い。受験者の緊張を和らげるための質問なので，あまり深く考えず，素直にかつハキハキと答えよう。

　面接官が複数の場合，質問する面接官と観察する試験官に分かれているパターンと，それぞれの面接官が順番に質問していくパターンとがある。いずれにせよ，質問を聞くとき，答えるときは，質問してきた面接官のほうにきちんと顔を向けることが大事である。

⑷本題の質問

　導入の質問で少し落ち着いたところで，本題の質問へと移る。まずは面接カードに基づいて「志望動機」「性格」「趣味・特技」「打ち込んだこと」「自己PR」などを質問されるのが一般的である。「面接カードには○○と書かれていますが，具体的にはどういうことですか」といった質問もあり，**面接カードの内容と矛盾しないよう，筋の通った回答を心掛け**なければならない。

　面接カードとは関係なく「失敗談を教えてください」「ストレス発散の方法は何ですか」「第一志望はどこですか」「上司と意見が食い違ったらどうしますか」「△△市のPRをしてください」といった質問もよくある。前もってさまざまな質問を想定し，回答を準備しておこう。どのような質問をされても慌てないように。

⑸補足の質問

　「最後に何か質問はありますか」と聞かれたら，「入庁までに何か準備，勉強しておくことはありますか」「××という資格を持っているのですが，仕事に活かせますか」など，**必ず質問しよう**。沈黙してしまったり，「特にありません」と答えてしまったりしては，意欲がないと思われる。

⑹退　室

　面接終了を告げられたら，「ありがとうございました」と言って立ち上がり，**改めて「本日はお忙しい中，ありがとうございました」とお礼を述べる**。ドアの前まで進み，「失礼します」と言ってから退出。

　控室や入退室のマナーについては，p.45からの「入退室の流れ」を参考にしてほしい。

個別面接の評価ポイント

　個別面接において，受験者は何を見られているのだろうか。当たり前だが，面接官は「何となく感じがいいから」「何となく気に入ったから」という理由で合格を決めるわけではない。あらかじめ**評価ポイント**が定められており，そのポイントをしっかりチェックしているのである。

　地方公務員でも国家公務員でも「**面接評定票**」などと呼ばれるシートが用いられることが多い。各ポイントが３段階または５段階で評定されるようになっており，それらの評定をトータルして最終的な判定がなされるわけである。

　面接評定票の最後に「自由記入欄」や「意見欄」が設けられ，面接官が面接を通して感じたことなどを書く場合もある。ここでの記入内容も，合否に大きく影響すると考えておいてよいだろう。

　評価ポイント（評価シート）は受験先によって異なるが，たとえば次のようなものがある。

⑴積極性

　目標を持ち，率先して動こうとしているか。何事にもチャレンジしようとしているか。困難を克服しようとしているか。このような観点から面接官は「**意欲**」や「**行動力**」を見ている。志望動機や挑戦したい仕事，失敗談，打ち込んだことなどの質問で，前向きな姿勢を伝えられるようにしたい。また，自分の意見や考えを積極的に話そうとしているか，受験者の態度も評価の大きなポイントとなる。

⑵社会性

　大きな組織の中で動く公務員は，特に**チームワーク**が重要とされる。年代も価値観も違う組織（グループ）の一員として，うまくやっていけるか，信頼関係を築けるかといった「関係構築力」を見るため，部活動などの学校生活やアルバイトについて質問することが多い。また，人間関係を築くには「他者理解」が必要で，相手の考えや感情，異なった価値

観に理解を示す力も求められる。

(3)信頼感

社会性にもつながるが，組織の中で働く以上，**信頼関係を強めていか**なければならない。また組織の中だけでなく，公務員は国民や地域住民との関係性も大切である。何事にも誠実に対応しているか，公務に対する使命感はあるか，自らの行動に責任を持とうとしているか，困難な課題にも最後まで取り組んで結果を出しているか，といった「責任感」や「達成感」が重要である。

(4)経験学習能力

経験学習能力とは，つまり，**経験から学び次に活かす力**のことである。これまでの経験から学んだことを現在に適用しているか，優先度や重要度を明確にして目標や活動計画を立てているかなど「経験の適用」「課題の認識」を見ている。そのため，短所や失敗談，打ち込んできたことなどは定番の質問である。その場合，たとえば「失敗にどう対処・行動したか」「経験から何を学んだか」も答えられるようにしておこう。

(5)自己統制

仕事自体が大変だったり，人間関係がうまくいかなかったりは，どの職場でもあることだが，地域住民などへの応対がある公務員の場合，特にストレスが溜まりやすい傾向にある。そのため，**自分をコントロールする力**が求められる。落ち着いていて安定感があるか，ストレスにも前向きに対応しているか，自己を客観視し場に応じて統制できるかなど「情緒安定性」「統制力」をしっかり見ている。

(6)コミュニケーション力

面接官にもっとも伝わりやすいのが**コミュニケーション力**である。相手の話の趣旨を理解し的確に応答しているか，話の内容に一貫性があり論理的か，話に説得力があるかなど「表現力」「説得力」を見ている。大事なのは「聞かれたことに答える」ということ。当たり前のようだが，

聞かれたこと以外にもダラダラと話す人は少なくない。話はわかりやすく，簡潔に。また，相手の話をしっかり聞く態度も重要である。

⑺ **容姿・態度**

これまで何度も繰り返し述べてきたが，面接官は受験生の身だしなみや立居振る舞いも厳しく見ている。服装や姿勢，挨拶，言葉遣いのほか，態度は落ち着いているか，明るくハキハキしているか，キビキビ動いているかなどがチェック対象となる。だらしがなかったり，感情的な態度を見せたりするとマイナスに取られるため，注意が必要である。

 **よく聞かれる質問**

面接における質問は，受験者や受験先によって違いはあるものの，共通して「よく聞かれる質問」も多い。あらかじめ質問が予測できていれば，対策も立てやすいというものである。

ここでは，よく聞かれる質問例を，内容別に紹介しよう。

(1)導入のための質問

　面接の初め，受験者の緊張を和らげるためにされる**簡単な質問**である。アイスブレイクともいう。聞かれたことのみ，素直に答えよう。ただし，導入を飛ばしていきなり本題に入る場合もあるので，落ち着いて対応することが大事である。

> ・緊張していますか。
> ・昨夜はゆっくり眠れましたか。
> ・朝食は何を食べましたか。
> ・試験会場までどのように来ましたか。
> ・今朝，気になったニュースはありましたか。
> ・順番を待っている間，何を考えていましたか。

(2)志望動機についての質問

　志望動機は必ず聞かれる質問である。逆にいえば，誰もが答えられるはずの質問なので，導入的に聞かれることもある。しかし，必ずしも「志望動機」をストレートに聞いてくるとは限らない。**公務員としての心構えや併願状況，社会人の場合は退職理由**など，異なる形での質問も多い。いずれにしても「なぜ公務員になりたいのか。なぜその自治体（官庁や職種）なのか」を軸に，答えを考えておくことである。

> ・なぜ公務員になろうと思ったのですか。
> ・なぜ当県（市など）を受けようと思ったのですか。
> ・なぜ民間でなく公務員を志望したのですか。
> ・民間と公務員との違いはどこにあると思いますか。
> ・公務員としての心構えを教えてください。
> ・受験のためにどのような努力をしてきましたか。
> ・受験にあたって，誰かに相談しましたか。
> ・第一志望先はどこですか。その理由も教えてください。
> ・やりたくない仕事を与えられたらどうしますか。
> ・前職を選んだ理由と，退職した理由を教えてください。（社会人に）

⑶趣味・特技についての質問

　趣味・特技(資格)の質問は，その人の志向や特性を見るものである。これらは，採用後の業務につながる場合もある。また，ストレスについての質問では，日頃，ストレスがたまらないようにどのように過ごしているかや，ストレスに対するメンタルの強さなども伝えられるとよい。

・あなたの趣味・特技は何ですか。
・スポーツは好きですか。
・何か資格は持っていますか。
・1人でいるときは何をしていますか。
・休みの日は何をして過ごしていますか。
・趣味・特技はどのくらいの頻度で楽しみますか。
・趣味・特技を仕事に活かすことはできますか。
・どのようなときにストレスを感じますか。
・ストレスを感じたときは，どのように解消しますか。

⑷性格・自己PRについての質問

　自分の性格や自己PRは，自己分析ができていなければ質問に適切に答えることはできない。また面接官は，受験者が自分をどのようにアピールするかも見ている。事前に，自身の振り返りと整理をしっかりしておこう。

・あなたの長所は何ですか。
・長所が活かされたエピソードがあれば教えてください。
・あなたの短所は何ですか。
・短所が原因で，失敗したことはありますか。
・短所を克服するために，何か意識していることはありますか。
・自分のどのような性格が公務員に向いていると思いますか。
・自己紹介をしてください。
・1分で自己PRをしてください。

⑸学校生活・友人関係についての質問

　特に初級(高卒程度)試験では，学校生活や友人関係についての質問が多い。力を入れて取り組んだことなど，**行動特性を見るもの**である。ほかにも社会性や協調性などをアピールするチャンスである。

> ・学校生活で一番印象に残っていることは何ですか。
> ・学校生活で力を入れて取り組んだことは何ですか。
> ・部活動は何をしていましたか。
> ・好きな科目と，その理由を教えてください。
> ・苦手な科目と，その理由を教えてください。
> ・学校生活で得たものは何ですか。
> ・友人には，どのようなタイプの人が多いですか。
> ・友人とはどんな話をしますか。
> ・悩みを相談できる友人はいますか。
> ・苦手な人とは，どのように接してきましたか。

⑹行政・時事についての質問

　公務員を目指すものとして，行政・時事については広く関心を寄せ，自分の考えを持っておく必要があるだろう。面接官は，知識の有無だけでなく，**行政・時事に対する受験者のものの見方や考え方も**しっかり見ている。

> ・公務員の仕事は，国民生活にどのように役立つと思いますか。
> ・公務員と男女平等について考えを聞かせてください。
> ・住民と行政が対立した場合，どのようにしたらよいと思いますか。
> ・現代の福祉制度で改善すべき点は何ですか。
> ・少子高齢社会について意見を述べてください。
> ・最近，気になったニュースは何ですか。
> ・今朝，新聞を読んできましたか。トップ記事は何でしたか。
> ・よく見るテレビ番組は何ですか。

⑺**勤務条件についての質問**

　公務員の場合，勤務条件は決まっており，変えることはできない。その確認をするための質問である。特別な事情がない限り「大丈夫」「やっていける」と答え，働く意志をみせよう。

> ・希望の部署に配属されなかったらどうしますか。
> ・残業の多い部署に配属されてもやっていけますか。
> ・転勤がありますが大丈夫ですか。
> ・給料はそれほど多くありませんが大丈夫ですか。
> ・採用されたら，どうやって通勤しますか。
> ・採用されたら，どんな仕事をやってみたいですか。

⑻**その他の質問**

　面接では，思ってもみなかった質問が出ることもある。あせらず，素直に答えよう。面接官は，答えるときの態度も見ているのである。

> ・知事(市長など)の名前を言えますか。
> ・当県(市など)のPRをしてください。
> ・当県(市など)のよい点と悪い点を述べてください。
> ・地域の歴史上の人物，文化人を知っていますか。
> ・最近読んだ本で，感銘を受けたものはありますか。
> ・座右の銘を教えてください。
> ・すべての公務員試験に落ちたらどうしますか。

2 よく聞かれる質問と回答のポイント

　ここでは，面接におけるNG回答例に対する解説&アドバイスを紹介する。OK回答例との違いを比べてみよう。

志望動機

●なぜ当県（市など）を受けようと思ったのですか。

NG！ 〇〇県は地元ではありませんが，子どもの頃から何度か観光で訪れており，魅力を感じていたからです。地元から離れて一人暮らしをすることで，社会人として成長できるのではと思っています。また，昨年度にスタートした，県の総合計画にも関心があります。その中でもICTの推進に自分を活かせると思うので，できれば関連の業務に就きたいです。

解説とアドバイス

　公務員を志望する理由ともつながるが，さらに「**なぜその自治体（地域）を選んだのか**」を明確にする必要がある。ぼんやりとした魅力だけでは，理由として弱い。具体的にどういうところが魅力で，自分はそこで何がしたいのかを述べよう。「地元から離れて一人暮らしを……」の部分は単に自分の都合なので，その自治体（地域）を選んだ理由にはならない。県独自の総合計画について触れた点はよいので，自分の「何を」業務に活かせるのかまで説明できるようにしよう。

OK！ 〇〇県には何度か観光で訪れていますが，モバイル決済が進んでいたりロボットが観光案内をしてくれたりと，ICTの活用に力を入れていることを知り，強く惹かれたからです。県の総合計画にもICT推進の施策があり，得意なパソコンのスキルを活かせたらと考えました。可能であれば，ICTを活用した観光振興などに関わる仕事をやってみたいです。

●なぜ公務員になろうと思ったのですか。

NG! 両親に勧められたことがきっかけですが，自分でもコツコツと努力するタイプなので向いていると思いました。また，祖母と同居していることもあり，高齢者福祉に関わる仕事に携わりたいと考えています。福祉関連であれば，利益を追求する民間よりも，公共の福祉に貢献する公務員のほうがやりがいを感じられると思い志望しました。

解説とアドバイス

　全体に，「公務員になりたい」という積極的な意志が感じられない。たとえ「両親に勧められたことがきっかけ」であっても，あえて正直に言う必要はなく，「自分がこういう仕事をしたいから」という明確な理由を伝えるべきである。

　さらに，せっかく「高齢者福祉に関わる仕事に携わりたい」と言っているのだから「祖母と同居」だけでなく，それがなぜ高齢者福祉へと結びついたかを具体的に説明することが大事である。

　民間でも福祉に貢献しているところは多くあり，また「利益を追求する」のは悪いことではない。民間を否定するような回答は避け，「〜だから公務員になりたい」という前向きな気持ちを述べよう。

OK! 地域の高齢者福祉に関わる仕事に携わりたいと思ったからです。祖母と同居しているのですが，介護保険を利用することになり，私も区役所での手続きなどについて行ったり，手伝ったりすることが多々ありました。そのとき，職員の方たちが親切に説明してくださり，また相談にも乗ってくださいました。それがきっかけで，住民と直接触れ合いながら，高齢者の手助けができる公務員を目指すようになりました。

趣味・特技

●あなたの趣味・特技は何ですか。

NG! 趣味はオンラインゲームです。対戦ゲームをすることが多いのですが，好きなことには夢中になるタイプなので，つい時間を忘れて朝まで続けてしまうこともあります。しかし，世界中のプレイヤーと戦いながら戦略や駆け引きを楽しむことがき，また，上位にランキングされたときの達成感は何とも言えず，非常にやりがいを感じています。

解説とアドバイス

　趣味は人それぞれで，本来，何を答えても問題ない。しかし，ゲームやアニメに対してよい印象を抱かない面接官が多いのも事実である。うその趣味を作り上げてはいけないが，できれば避けたほうが無難だろう。

　もし，それでもやはりゲーム（アニメ）にするというのであれば，伝え方に工夫が必要である。ただ「楽しい」「面白い」ではなく，「RPGのストーリー性が好き」「ゲームを通じて多くの仲間ができた」「協力することの難しさを学んだ」など，現実世界とリンクさせて具体的に説明しよう。

　NG回答例の場合，「好きなことには夢中になるタイプなので，つい時間を忘れて朝まで続けてしまう」が特に問題で，「好きなことしか頑張らないのか」「仕事に支障をきたすのではないか」と思われるだけである。

OK! 趣味はバレーボールです。中学・高校とバレーボール部に所属し，引退後は，地域のバレーボールチームに入りました。さまざまな年代の人と接する機会が増え，以前にも増して協調性や主体性が身に付いてきたような気がします。また，体を動かすと気持ちもスッキリして「明日からまた頑張ろう」と思えるので，これからも続けていきたいです。

性格・自己PR

●あなたの短所は何ですか。

NG! 短所は忘れっぽいところです。小学生の頃から忘れ物が多かったのですが，中学生のときには，友達との約束を忘れてひどく怒られたことがあります。そのため，今では大事なことはメモを取り，忘れ物や約束を忘れることなどがないように確認しています。

解説とアドバイス

「忘れっぽい」というのは，一歩間違えると公務員としての適性を疑われかねない。「仕事でも大事なことを忘れてミスするかもしれない」と思われるからである。このような場合は表現を工夫し，「どう克服しようとしているか(克服したか)」を具体的に伝えよう。

短所については，あっさり答えること。無理矢理長所につなげようとして，不自然になったり矛盾したりするのは避けたい。

OK! 短所は少々忘れっぽいところです。中学生のとき，友だちとの約束を忘れてひどく怒られたことがありました。それをきっかけに，まめにメモを取り，忘れ物はないか，忘れたことはないかを確認するようになりました。今では常に手帳を持ち歩き，期限があるものはスマホのアラームを設定するなどして，忘れるということがほとんど無くなりました。

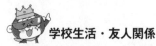 学校生活・友人関係

●学校生活で力を入れて取り組んだことは何ですか。

NG! 中学・高校とテニス部に所属し，高校では副キャプテンをしていました。当時の部員数は30人ほどで，平日は毎日練習があり大変でしたが，キャプテンと一緒に皆をまとめて頑張ったため，県大会まで進むことができました。厳しかった練習を思えば，この先困難な仕事があっても乗り越えられるのではないかと思います。

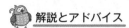 解説とアドバイス

　自己PRのしやすい質問である。ただし，話がダラダラ長くならないよう，あれこれエピソードを盛り込みすぎないこと。「何に，どのように取り組んだか」「そこから何を得たか」など，ポイントを押さえて簡潔に話せるようにしておきたい。「部活動も，特に力を入れたこともない」という人も，何かしらあるはず。些細なことでもよいので，もう一度学校生活を振り返ってみよう。

　NG回答例では，「大変だった」「頑張った」と抽象的な言葉が並ぶ。たとえば，副キャプテンなら副キャプテンとして，どう頑張ったのか具体的なエピソードを加えると，説得力が増すだろう。

OK! テニス部の活動に力を入れていました。高校2年のときに副キャプテンになったのですが，実はテニスはあまり上手くありません。真面目にコツコツ練習する姿勢が，部を支えるのにふさわしいと選ばれたようです。それからは，顧問の先生やキャプテンと，部員たちとの間の調整役として動くことを意識するようにしました。それぞれの意見に耳を傾け，それらを改めて皆に伝えつなげることで，部がまとまっていったと思います。地道に練習する部員も増え，県大会まで進むことができました。

 **行政・時事**

●最近，気になったニュースは何ですか。

NG! 新型コロナウイルスのワクチン接種に関するニュースです。特に，ワクチン接種の進み具合が気になりました。高齢者への接種は進みつつあるようですが，私たちの世代も接種しなければ安心して祖父母にも会えません。どこかの市が障害のある人に対し優先的に接種するらしく，兄に障害があるので良い取り組みだと思いました。

解説とアドバイス

　一応まとまった回答だが，一般的な感想で，気になった理由としては弱い。また「どこかの市で〜らしい」では，知識が中途半端すぎる。きちんと調べて「○○市で〜という取り組みがあり」と具体的に話そう。

　時事系の質問では「公務員全般のニュース」「受験先に関するニュース」「一般のニュース」を1つずつ用意しておくと，焦らず臨機応変に答えられる。気になったニュースとその理由，自分なりの意見や考えを，順を追ってわかりやすく伝えられるとよい。

OK! 新型コロナウイルスのワクチン接種に関するニュースです。障害のある兄がいるのですが，このコロナ禍においても事業所に通っており，基礎疾患もあるため感染を心配しています。それで，ワクチン接種の進み具合が気になりました。そうしたなか新聞で，○○市が障害のある人に対し優先的に接種することを決定したという記事を読み，その取り組みが全国に広がればよいなと期待しています。

 **勤務条件**

●転勤がありますが大丈夫ですか。

NG! 今はまったく問題ありません。両親も理解してくれています。ただ，将来結婚したらどうなるかは，自分でもわかりません。辞令が出たときに，家族で相談することになると思います。子どもができたら，転勤はなるべく避けたいです。

解説とアドバイス

　転勤を前提に試験を受けているはずなので，転勤ができないというのは好ましくない。NG回答例の場合，「今はまったく問題ありません」と言ったところで，将来的に拒否する可能性もあるわけで，ここはやはり「大丈夫」と受け入れるべきだろう。

　もちろん，どうしても何か特別な事情があれば，それは**正直に伝えな**ければいけない。「大丈夫」と答えながら，いざとなったら拒否では，双方不幸である。もしかしたら考慮してもらえるかもしれない。ただし，転勤可能な受験者に比べて，不利な立場になることは覚悟しておこう。

OK! 転勤を覚悟の上で志望しているので大丈夫です。さまざまな地域の特色を知り，多くの住民と接することで，公務員としての視野が広がると考えています。将来結婚するとしても，家族ときちんと話し合って理解を得，いざとなれば単身赴任も辞さないつもりです。

その他

●すべての公務員試験に落ちたらどうしますか。

NG! ❶こちらが第一志望なのですが，不合格であれば残念ですが，民間企業で働きます。○○物産からは内定をいただいているので，そちらへ行くことになると思います。

NG! ❷特に考えていませんが，もともと専門学校へ進むことにも迷いがあったので，進学するかもしれません。

解説とアドバイス

　このような質問をされて，がっかりしたり怒ったりする人は意外に多いが，ここでは回答の内容以上に，**受験者の反応を見ている**ということを知っておこう。「公務員になりたいという気持ち」「とっさのことに対する対応」などがポイントとなる。感情をあらわにせず，**ポーカーフェイスを装う**こと。

　ベストな回答は「来年も受験します」だが，受験しないとしてもそれで不合格になることはない。要は，伝え方である。

　NG回答例❶では，具体的な会社名を出す必要はない。NG回答例❷では，迷いがあることをわざわざ言わず，あくまで，ここが第一志望であることを伝えよう。

OK! ❶公務員になりたい気持ちに変わりはありません。アルバイトをしながら勉強し，来年もこちらを受験させていただきます。

OK! ❷経済的な理由で働かなければならないので，もしご縁がなければ民間企業に就職します。

テーマ 04 集団面接・集団討論の攻略法

- 集団面接では，他の受験者の回答に振り回されず，よく似た回答でも自分の考えを述べる。
- 集団討論は，意見を戦わせる場ではない。自分の意見を押し通す前に，まず聞く耳を持つ。

1 集団面接を攻略する

集団面接って？

公務員試験においては，個別面接が基本である。しかし，地方公務員でも国家公務員でも，個別面接と併用して集団面接を実施するところも一部ある。受験先が集団面接を取り入れているかどうか，確認しておく必要があるだろう。

形式としては，受験者5〜8人程度，面接官3人程度，面接時間は50〜60分程度が一般的である。1人の持ち時間は10分程度だが，ときには5分という場合もあり，質問に対して30秒〜1分で答えさせるところが多い。簡潔に答えられるようにしておくことが大事である。

集団面接の流れ

全体の流れは，おおむね次のようになっている。受け答えの仕方やマナーなど基本的には個別面接と同じだが，複数の受験者と同じ場にいるということに戸惑うこともあるかもしれない。まずは職員の指示をよく聞いて，それに従うことである。

⑴入室から着席まで

①名前は仮名で呼ばれる

集団面接では，「Ａさん」「Ｂさん」「Ｃさん」といった仮名で呼ばれることが多い。入室前に「Ａ」「Ｂ」と書かれた名札を胸につける場合もあれば，入室後に「面接中は（あなたのことを）Ａさんと呼びます」などと指示される場合もある。

②順番に入室する

まず，先頭の人がドアを２～３回ノックし，「どうぞ」の声がかかったら「失礼します」と応え，ドアを静かに開けて入室。再度「失礼します」と言ってからお辞儀をする。ドアは，後続の人のために開けたままにしておこう。

2番目以降の人たちは，入室して「失礼します」と言ってからお辞儀をする。そして最後尾の人は，入室して「失礼します」と言ってからお辞儀をし，ドアを閉める。閉め終わったら，再度お辞儀をする。

③指示に従って着席する

手荷物は，机の上に置くよう指示された場合は机の上に置く。指示がなければ自分の席まで持っていく。席の前（横）で立ったまま待機しよう。

全員揃ったところで面接官から「どうぞ，お掛けください」などと言われたら着席する。このとき荷物があれば，イスの横（足下）に置く。

⑵面接開始

①自己紹介からスタート

まず，自己紹介から始まるのが一般的。名前，学校名，趣味，性格などを簡潔に伝える。各受験者が順番に言っていくので，だらだら話して時間を取らないように注意しよう。

自己紹介が一通り終わったら，いよいよ質問に移る。質問内容は個別面接と変わらないが，行政・時事問題は聞かれやすい傾向にある。

②質問の形式

集団面接の場合，面接の進め方は受験先によって大きく異なる。質問の形式もさまざまなので，あらかじめ把握しておこう。

・**順番に指名する**

「○○についてどう思いますか。Aさんから順番に聞かせてください」

（右端から，左端からなど）

・**ランダムに指名する**

「○○についてCさんはどう思いますか」

「Dさんの意見について，Bさんはどう思いますか」

・**順番に関係なく挙手をさせる**

「○○についてどう思いますか。意見のある方は手を挙げてください」

また，すべての受験者に同一の質問をするパターンと，受験者ごとに異なった質問をするパターンがある。

⑶面接終了から退室まで

①お礼を述べてお辞儀をする

「面接は以上です」などと面接終了を伝えられたら起立し，「本日はありがとうございました」とお礼を述べてお辞儀をする。お礼とお辞儀のタイミングは，できるだけ他の受験者と合わせること。

②順番に退出する

ドアに一番近い人が先頭となり，順番に退出する。

先頭の人は，ドアの前で面接官のほうへ向き直り「失礼します」と言ってからお辞儀をする。そして，ドアを開けて退室。ドアは開けたままにしておく。2番目以降の人たちも，同様に「失礼します」と言ってからお辞儀をし，退室する。最後尾の人は，「失礼します」と言ってからお辞儀して退室，ドアを静かに閉める。

集団面接の特徴

⑴他の受験者と比較されやすい

集団面接でも，受験者一人ひとりを見て，その受験者が採用基準を満たしているかどうかを判断している。マナー，質問内容，評価ポイントと，基本的に**個別面接と変わりはない**。

ただ，複数の受験者を同時に面接するため，受験者どうしを比較しがちである。したがって，**プラス部分よりマイナス部分が目立ってしまう**。個別面接以上に，気を引き締めて臨む必要があるだろう。

⑵マイナス部分を見られる

公務員試験，特に集団面接は「落とす面接」であることが多い。つまり，「人柄がよい」「意欲がある」といったよい部分を見て加点していく以上に，「態度が悪い」「消極的である」など**マイナス部分を見て減点していくこと**に，重きを置いているのである。

⑴にもつながるが，身だしなみや態度，姿勢，話し方などに問題があれば，すぐに減点され不合格ということにもなりかねない。自分をアピールするのと同時に，「**いかに悪印象を与えず減点を防ぐか**」が大切である。

集団面接のポイント

基本は個別面接と同じでも，集団面接ならではの注意すべきポイントもある。雰囲気にのまれず，事前に理解してうまく対応しよう。

⑴わかりやすく簡潔に答える

集団面接は個別面接に比べ，1人の持ち時間が短くなる。したがって，「**面接官にわかりやすく簡潔に答える**」ことを，より意識しなければならない。あれこれアピールしたいがために，あるいは目立ちたいがために，自分だけ長く話そうとする受験者もまれにいるが，これは明らかにマイナス評価である。

長々と話して他の受験者に迷惑をかけないこと。「30秒（1分）程度で答えてください」と言われることも多いので，それぐらいの時間を意識しながら，要点をまとめて答えられるようにしておこう。

⑵他の人の答えにも耳を傾ける

　集団面接では，自分に質問が向けられていない時間が長い，という特徴もある。注意すべきは，他の人の答えにも耳を傾けるということ。今は自分の番じゃないとばかりに，姿勢を崩したり，よそ見をしたりしていると，「態度が悪い」「人の話を聞いていない」と面接官のチェックが入る。他の人が発言しているときは，適度にうなずくなどして「しっかり聞いている」ところを見せよう。

　とはいえ，ただ単に姿勢や態度を見せればよいというわけではない。「今のDさんの意見をどう思いますか」といった質問を向けられることもある。このような質問は，本当にきちんと聞いていないと答えられない。油断は禁物なのである。集団面接に限らないが，「話す」ことだけでなく「聞く」ことも重要なポイントである。

週末はどこへ遊びに行こうかなぁ

男子学生は話を聞いていないな…

⑶他の人と答えが同じでも焦らない

　自分が言おうと思っていたことを，他の受験者に先に言われてしまったらどうするか。

　同じ質問をされれば，答えが被ることがあっても当然である。面接官もよく承知していることなので，慌てて「何かほかのことを言わなければ」と思う必要はない。自分の意見を素直に伝えよう。

　ただし，「先ほどの意見と同じです」で終わらせることは避けたい。「先ほどと同じような意見ですが」「Aさんの意見と似ていますが」と初

めに言ってから，**自分の意見を付け加えることが大事**である。「Bさんと同じになりますが，〜だと思います。なぜなら……だからです」などと，自分なりの理由を述べるのも一つの方法だろう。

たとえば，趣味などを聞かれてそれが同じだった場合，Bさんの答えが「趣味は読書です。特に時代小説が好きで週に3冊は読みます」であれば，「私もBさんと同じで読書です。私は作家の○○が好きで，△△シリーズを全巻揃えています」などと，アプローチの仕方を変えればよい。

⑷他の人の意見に左右されない

もしかしたら，自分には真似できないような，優秀な回答をする受験者がいるかもしれない。そんなとき「自分にはとても無理だ……」と萎縮してしまうと，それが態度に表れる。自信のない態度は，「精神的に弱そう」に見られるだけである。

反対に，「もっといいことを言ってやろう」と力が入りすぎるのもよくない。ライバル意識が強く，無理に何かを言おうとする姿は，感じが悪いものである。

いずれにしても，**他の人の意見に左右されないことが一番**である。集団面接は，競い合う場ではない。自分なりに，しっかり答えることだけを考えよう。

⑸他の人の意見を無闇に否定しない

前述のとおり，集団面接は競い合う場ではない。したがって，他の人の意見に対し誤りや欠点を指摘しようとしたり，言い負かそうとしたりするのはNGである。

たとえば「今の意見をどう思いますか」と聞かれたときに「今の意見ですが，私は違うと思います。私は〜だと思います」「今の意見には賛成できません。なぜなら〜だからです」などと否定から入ると，否定された本人はもちろん，聞いている周りもあまりいい気はしない。

他の人の意見は尊重し，できるだけ肯定的に受け止めて意見すること。

どうしても賛成できない場合も「そういう考えもあると思います。私の場合は〜」という言い方なら嫌味がなく，協調性も感じられるだろう。

(6)挙手の場合は積極的に発言

「○○についてどう思いますか。意見のある方は手を挙げてください」などと言われたら，積極的に手を挙げていこう。

集団面接には，他の人が答えているうちに「考える時間を持てる」というメリットがあるが，この挙手制の場合はあまり考えすぎず，できるだけ1番，2番に手を挙げて積極性を見せたほうがよい。

「そう言われても，急にはなかなか答えられない」「中途半端なことを言って失敗したくない」という人もいるだろう。本番でうまく答えられるようにするためには，日頃から学校生活のなかでも積極的に発言する習慣をつけておくことである。

ただし，何事もやりすぎないこと。積極的なのはよいが，自分のことしか見えておらず，毎回毎回真っ先に手を挙げるのも浮いてしまいかねない。他の受験生の様子も見て，手を挙げそうな人がいたら時には譲るなど，配慮することも大事である。その姿は，必ず見られている。

(7)時事問題は必ず質問される

繰り返しになるが，質問されることは個別面接とそれほど変わらない。しかし，集団面接の場合，行政・時事問題に関するものが多く，日頃から新聞やテレビのニュースなどにアンテナを張っておくことが，より必要となる。自分の興味あるものばかりでなく，さまざまな問題に関心を寄せ，知識・見識を広げよう。

ちなみに，時事問題などは日々動き，新しい情報が入ってくる。常にチェックしておくことが大事である。

〈よく聞かれる行政・時事問題〉

・この県(市)のよいところを3つ教えてください。

・この県(市)の悪いところを3つ教えてください。

・この県(市)に関するニュースで気になるものはありますか。

・この県(市)のプロジェクトについて意見を聞かせてください。

・この県(市)をPRしてください。

・この県(市)の職員になるとはどういうことですか。

・理想の職員像を教えてください。

・魅力ある街づくりとは何でしょう。

・最近気になった時事問題は何ですか。

・公的年金制度についてどう思いますか。

・規制緩和についてどう思いますか。

・環境問題についてどう思いますか。

・子どもの貧困についてどう思いますか。

・児童虐待についてどう思いますか。

・出生率低下の原因と社会背景について意見を聞かせてください。

・少子高齢社会についてどう思いますか。

・介護保険制度の運用についてどう思いますか。

・外国人労働者の受け入れについてどう思いますか。

・インバウンドについて意見を聞かせてください。

・働き方改革について意見を聞かせてください。

・ネット社会の問題点は何だと思いますか。

・在宅勤務についてどう思いますか。

しっかりチェックしておこう！

 **集団討論って？**

　集団討論も個別面接と併用して実施されるが，採用しているのは主に地方上級（大卒程度）で，地方初級（高卒程度）ではごく一部である。しかし，近年の人物重視の流れにおいて，集団討論を採用するところが増えていく可能性は高い。

　集団討論の形式は，**5～8人程度の受験者が，与えられたテーマ（課題）について討論する**というもの。テーマは事前に知らされる場合もあるが，討論直前に知らされる場合のほうが一般的である。3人程度の面接官が討論の様子を観察し，評価していく。時間は**40～90分程度**で，60分前後のところが多い。

(1)集団討論の流れ

　受験先によって異なるが，大まかな流れは次のとおりである（テーマを討論直前に知らされる場合を想定）。

①入　室

　係の職員によって指定の部屋に誘導され，入室。数字やアルファベットで割り振られた所定の席に座る。

②ルール説明とテーマ発表

　面接官から集団討論のルール（進め方）の説明がされた後，テーマの書かれた用紙が配布される。

③各自意見を発表

　10分程度の時間が与えられるので，テーマについて考え，意見をまとめる。配布された用紙などにメモしていくとよい。

　各自順番に，1～2分程度で意見を発表する。この各自の発表については，省かれることもある。

④討論開始

テーマについて，皆で討論する。ここからは，基本的に面接官が何か説明したり指示したりすることはない。役割分担なども含め，受験者だけでしっかり進めていこう。詳細は，(2)討論の進め方で説明する。

⑤まとめ発表

討論でのまとめ(結論)を発表する。グループ発表の場合もあれば，1人ずつ結論を踏まえた意見を発表する場合もある。

⑥退　室

指示に従って退室する。入退室のマナーについては，集団面接のときのマナーを参考にしよう。

⑵討論の進め方

討論するのにも進め方がある。そのときどきで異なるため，細かいところまでこだわる必要はないが，大筋を理解してスムーズに進められるようにしよう。

STEP① 役割を決める

メンバー間で「よろしくお願いします」と挨拶して討論を開始する。まずは，役割を話し合って決める。主な役割は「司会」「書記」「タイムキーパー」の3つ。役割を決めることで討論が進めやすく，また互いに協力もしやすくなる。なお，面接官から役割を決めないよう指示があった場合は，それに従うこと。

STEP② 時間配分を決める

限られた時間内で，どの作業にどのくらいの時間をかけるか，を決める。途中グダグダにならず，「最後にまとめる時間がなくなってしまった」というような失敗をしないためにも，時間配分は重要である。

◇時間配分の例　＊討論時間３０分の場合
　a．役割分担と時間配分　　３分
　b．原因・背景の分析　　　７分
　c．解決策の提案　　　　１５分
　d．まとめ　　　　　　　　５分

　この例で見ると，１人の発言時間は正味５分程度しかない。**いかに短時間でアピールできるかが勝負**である。

STEP ③　原因・背景の分析

　何かの課題（問題）がテーマになっていることが多いので，その課題が起こっている原因・背景について話し合う。課題が抽象的な場合は，そこから具体的な事柄を挙げ，**話し合う内容を絞ってから原因・背景へと進む**とよい。

　たとえば「市民が満足する行政サービスを行っていくにはどうすべきか」といった課題が出たとする。行政サービスと言ってもさまざまなので，公共施設関連なのか，出産・育児関連なのか，あるいは介護関連なのか，具体的に何について話し合うかを決めるのである。内容を絞ることで課題がより明確になり，原因・背景の分析もしやすくなるだろう。

STEP ④　解決策の提案

　STEP ③で挙がった原因・背景を整理し，それに対する**効果的な解決策や取り組みについて話し合う**。提案するときは「結論」からはっきり言うこと。「何となくそう思う」「多分こうだと思う」ではなく，「根拠」「具体例」とともに発言すると説得力が増す。

　たとえば，行政サービスについてであれば「結論：ネットワーク上の行政サービスの窓口を充実させることが必要」→「根拠：市民の利便性の向上や事務の効率化を図ることができるから」→「具体例：電子申請

システムの充実を図る，公共施設利用予約システムを推進する」と言った具合に，わかりやすく説明しよう。解決策や取り組みにメリット・デメリットがあれば，それらについても考えられるとなおよい。

STEP⑤ まとめ

STEP④を踏まえ，グループとしての意見をまとめる。まとめ役は，司会または書記が務めることが多い。

例として，司会がこれまでの討論の流れを振り返り「○○について，△△の充実や××の推進を図ることが有効である，という結論となりました」とまとめる。続けて，必ず「修正や追加はありませんか」とメンバーに確認すること。グループとして納得のいく結論が出たかどうかで，評価が大きく変わるからである。最後は「ありがとうございました」と言って，気持ちよく終わろう。

集団討論においてもっとも大事なことは，「制限時間内にグループとしての結論を出すこと」である。

(3)集団討論における３つの役割

討論をスムーズに進めるための主な役割は，次の３つである。

①司　会

討論の進行役，まとめ役。皆の意見を聞きながら，討論を活性化させつつ円滑に進める。また，うまく導いて話をまとめる。

POINT

・全員に意見を求める。

・討論の内容がズレたら，軌道修正する。

・出された各意見を整理し，制限時間内にまとめる。

注意点

・自分の意見や考えを押しつけないようにする。

・他の人に，司会の役割を奪われないようにする。

②書　記

　討論内容のメモ役。討論の中で出た皆の意見を書き留めつつ，まとめる手助けをする（自らがまとめ役になる場合もある）。

POINT

・解決策の提案が出揃ったところで，討論を振り返って整理する。

・振り返りの際，討論で抜けていた点や対立していた点などを示す。

注意点

・発言の内容を間違えないようにメモを取る。

・メモに必死で，自分の発言が疎かにならないようにする。

③タイムキーパー

　討論の時間管理役。時間配分どおりに討論が進むようにする。討論の流れに応じて，時には時間変更に対応することもある。

POINT

・適切な時間配分を提案する。

・時間配分を管理し，議論の途中で時間を報告する。

注意点

・時間を確認し忘れないようにする。

・初めに決めた時間配分にこだわりすぎないようにする。

・討論に気を取られ，本来の役割を忘れないようにする。

　3つの役につかない場合もあるが，役につかなかったことで，評価が不利になるようなことはない。積極的に意見を出し，時には話の軌道修正や意見のまとめを手伝うなど，討論をサポートしよう。

　集団討論は，当然，役についた人たちだけで成り立つものではない。役に関係なく，互いの意見に耳を傾け，限られた時間の中で結論を導き出せるよう，全員で協力し合うことが重要である。

 **集団討論の評価ポイント**

個別面接や集団面接に比べて，集団討論は**本来の自分が出やすい**。1人であればある程度自分を装うことができるが，集団の中に入り複数の人たちと関わると，なかなかそうはいかないものである。

たとえば，個別面接でエピソードとともに「協調性があります」と言ったところで，実際のところはわからない。しかし，集団討論において不規則発言を繰り返したり，他の人の意見に強行に反対したりすれば，協調性がないことは丸わかりである。

客観的にどのような点が見られているか，評価ポイントを知っておくこと。そして，実践練習で集団の中での振る舞いなどを身に付けておくと，本番にも落ち着いてのぞめるだろう。

(1)貢献度

課題(テーマ)の解決にどれだけ貢献したかが重要なポイントとなる。グループ全体としての成果を上げることを目指そう。

・課題を解決するために，積極的に発言しているか。
・課題を解決するための，有益な情報を提供しているか。
・議論がズレたときに軌道修正しようとしているか。
・自分の役割を把握して，グループ全体のことを考えているか。　　など

(2)社会性

「協調性」と言い換えることもできる。他のメンバーと協力し合って課題を解決しようとしているか，が見られている。

・進んで他のメンバーと協力し合おうとしているか。
・人の立場に立って考えようとしているか。
・自分だけが目立とうとしていないか。
・社会人として，組織の中でやっていけるか。　　など

⑶指導性

集団を課題解決へと導いているか「リーダーシップ」も見られている。向き不向きはあるが，積極的に適切な発言をすることが大事である。

・ものごとを計画的に進めることができるか。
・大局的にとらえ，判断することができるか。
・集団を引っ張っていく力があるか。
・意見を調整し，まとめる力があるか。　　　　　　　　　　など

⑷集団討論のコツ

集団討論は，個人プレーで目立つものではない。メンバーどうし協力し合って，課題解決を目指す「チームプレー」である。それを踏まえた上で，討論を成功させるためのコツを紹介しよう。

①試験前に他の人と話しておく

たいていの場合，試験前には控室での待ち時間がある。その間に，同じグループのメンバーと軽く話しておくと気持ちがほぐれ，その後の討論にも入りやすくなるだろう。

「知らない人といきなり話すのは苦手」という人もいるかもしれないが，話の内容は何でもよい。「今日はどうやってここまで来ましたか」「緊張しますよね」など，思い切って話しかけてみてもいいだろう。

このとき，可能であれば役割分担や時間配分を決めておきたい。ただ，どれだけ話ができるか，相手や時間にもよるので，無理はしないこと。

②わかりやすくハキハキと述べる

「わかりやすく，聞き取りやすく」は集団討論に限らず，面接における基本である。討論には，まず固くなりすぎず，できるだけリラックスして参加しよう。そして，明るく和やかな雰囲気を保つこと。途中，意見が対立するなどしても，表情を険しくしたり落ち込んだりしないように気をつけよう。

また，皆がわかりやすいように，**要点を絞って発言すること**が大事である。明るくハキハキと述べれば，聞き取りやすく，かつ印象もよい。

③他の人の意見にも耳を傾ける

討論は「チームで協力し合って結論を導く」ことを目的としている。したがって，人の意見を真っ向から否定したり，言い負かそうとしたりしてはいけない。自分の意見をきちんと伝えつつ，**人の意見にも耳を傾けること**。相手が何を言いたいか，理解しようとする姿勢を持つ。集団討論では「聞く力」も重要である。

対立する意見にも，相手の主張を一旦認めてから話すようにしよう。**相手への配慮，協調性**がポイントである。

④ときには人の意見に乗る

発言したくても，なかなか自分の意見がまとまらないときもあるだろう。そんなとき「もっと人の意見を聞いてから」「もう少し意見を整理してから」などと考えていては，時間が過ぎるだけである。積極的に発言していくためには，「今の意見に同感です」などと**人の意見に乗る**のも一つの手である。ただし，少しでもいいので**自分の意見や考えを加えること**。どうしても思い浮かばない場合は，「今の意見は△△ということですか」「××の部分を具体的に教えてください」などと質問してもよい。

発言をすることで，議論を進めたり深めたりすることができる。

⑤適度に軌道修正する

討論を進めていくうちに，**論点がずれたり行き詰まったりすること**がある。集団討論では，決められた時間内に結論を出さなければならない。したがって，その都度，軌道修正する必要がある。

その役を務めるのは司会や書記であることが多いが，その場の状況に応じて動くことも大事だろう。流れがおかしいと感じたら，周りの様子を見ながら「少し論点がずれているようなので，一旦ここで話を整理しませんか」などと声を掛けてみよう。

⑥発言が少ない人を気遣う

討論とはいえ，皆が皆，積極的にガンガン発言できるわけではない。タイミングがつかめなかったり，もともと人前で話すのが苦手であったり，どうしても発言が少ない人はいるものである。

発言が少ない人を放っておくと，**グループとしての印象もよくない**。そのような場合は，話（質問）を振るなどしてフォローしよう。「△△について，○○さんはどう思いますか」「私も今の意見に賛成です。○○さんはどう思いますか」などと振れば，相手も答えやすいだろう。

発言が少ない場合に限らず，グループ内でお互いフォローし合うことは大切である。誰かが勘違いや言い間違いをしていたら「先ほどの××は□□のことですよね」などと，さりげなく訂正する。ただし，ミスを責め立てるような言い方はNG。あくまで「さりげなく」である。

⑦使えるフレーズを知っておく

場面ごとのフレーズ（言い回し）をいくつか知っておくと，討論のときに困らない。応用して，自然に使えるよう練習しておこう。

〈使えるフレーズ〉
・まずは，自己紹介から始めましょうか。
・どなたか，○○（役割）を担当していただけませんか。
・私は△△だと思います。理由は２つあり，まず……。次に……。
・Aさんの意見に賛成です。さらに，××とも考えられないでしょうか。なぜなら……。
・Bさんの意見に賛成です。ただ，○○という点については□□だと思います。いかがでしょうか。
・なるほど。今の意見は，△△だから××である，ということでよろしいでしょうか。
・あらかた意見が出尽くしたようなので，これまでの討論を整理してみましょう。まず……。
・皆さん，お疲れさまでした。ありがとうございました。

〈集団討論　過去の出題テーマ〉

・「宮城県の国内外での知名度を高めるためにはどのような取組が必要か」
　というテーマで議論し，グループの意見をまとめなさい。

（宮城県／短大卒業程度）

・選挙は私たちの代表者である議員や首長を選出する重要な手続ですが，
　近年，投票率の低下が問題となっています。そこで，特に若者の投票率
　を上げるために必要な取組について，グループで議論し，意見をまとめ
　てください。

（滋賀県／初級相当）

・新型コロナウイルス感染症の拡大が問題になる中，地震や豪雨，台風等
　の大規模な自然災害が発生した場合，避難や避難所生活などにおける感
　染拡大が懸念されている。こうした状況の中，災害から身を守りつつ感
　染拡大を防止するためには，どのような対策が有効か，あなたの意見を
　述べ，討論しなさい。

（香川県／短大卒業程度）

・熊本市は，だれもが性別にとらわれずあらゆる分野で多様な視点や能力
　がいかされる男女共同参画社会の実現を目標としている。その実現のた
　めに，どのような取組が必要か，グループで話し合い，意見をまとめな
　さい。

（熊本市／初級職等）

・政府は，ワークライフバランスの実現に向けて，「長時間労働の是正」
　や「労働環境の多様化」といった「働き方改革」を推進している。働く
　意欲のある職員が仕事とプライベートの両方を充実できるような「働き
　方」とはどのようなものか。グループで話し合い，意見をまとめなさい。

（熊本市／社会人経験者等）

・対面や電話等でのコミュケーションについて（第1回），警察官の志願者
　を増やすための警察ドラマの作成について（第2回）

（茨城県／警察官B区分）

テーマ04：集団面接・集団討論の攻略法

面接試験の
シミュレーション

・シミュレーションを通して，自分ならどう答える
かを考えてみよう。
・集団の中で，何をどう発言すればよいのか，ダメ
なのかを見ていこう。

1 個別面接のシミュレーションとアドバイス

それでは，実際の面接のシミュレーションしてみよう。アドバイスも
参考にして，自分だったらどう答えるかを考えてみよう。

○○市行政一般／Mさん(私立K高校卒業予定)／面接官3人
■Mさんの面接カードの内容

・**志望動機**／高校の仕事体験で市役所の仕事を知り，地域の役に立ちた
いと思ったから。
・**長所**／コツコツ努力する，**短所**／1人で抱え込む。
・**得意な科目**／英語　**苦手な科目**／数学
・**部活動など**／吹奏楽部
・**資格・免許**／英検準2級
・**趣味・特技**／スポーツ観戦

Mさん　面接室のドアをノックし，「どうぞ」の声に「失礼します」
と言ってドアを開け入室。ドアを閉めてイスの横に立つ)

*1

---

*1　ドアを閉めたら，再度「失礼します」と言ってから一礼しよう。

Mさん	受験番号△番，M・Aです。よろしくお願いします。	
面接官①	どうぞ，お座りください。	
Mさん	（黙って着席）	＊2
面接官①	昨夜はよく眠れましたか。	
Mさん	えっ，あ，はい，まあまあです。	＊3
面接官①	部活動は吹奏楽部ですか。楽器は何を担当していましたか。	
Mさん	トランペットです。	
面接官①	トランペットは昔から習ってたんですか。	
Mさん	いえ，高校に入ってからです。先生や先輩に教えられながら練習しました。	
面接官②	英語が得意で，英検準2級の資格があるということですが，英語を活かした仕事に就こうとは思わなかったんですか。	
Mさん	えっと……，英語は好きですが，仕事にしようとかあまり考えたことがありません。	＊4
面接官②	なぜですか。	
Mさん	そこまでというか……。	＊5
面接官②	では，なぜ公務員になろうと思ったんでしょうか。	
Mさん	高校の仕事体験で市役所の仕事を知って，地域の役に立ちたいと思ったからです。	
面接官②	地域の役に立つとは，具体的にはどんなことですか。そもそも市役所の仕事って何でしょう。	

＊2　一言「失礼します」と言ってから座る。

＊3　くだけた物言いはせず，「はい，眠れました」「あまり眠れませんでした」とはっきり答える。

＊4　「えっと……」など，余分な言葉は極力言わないようにしよう。

＊5　語尾まで言い切る。理由をしっかり答えられるようにしておこう。

Mさん	市役所の仕事は，市民の生活をサポートすることです。市民が困っていれば，相談に乗ってサポートしたいです。 ＊6
面接官②	この市役所を志望した理由は。
Mさん	生まれ育ったところだからです。自分の生まれ育った地域をよくしたいです。 ＊7
面接官②	生まれ育ったところというなら，県庁でもよかったんじゃないですか。
Mさん	……。あまり○○市から出たことがないので……あと，市役所で仕事体験をしたので，やっぱり市役所がいいです。 ＊8
面接官③	あなたの長所と短所は何ですか。
Mさん	長所は何事にもコツコツ努力するところで，短所は何でも1人で抱え込んでしまうところです。
面接官③	長所を発揮したエピソードを教えてください。
Mさん	エピソード……。あ，トランペットです。吹奏楽部に入って初めてトランペットを吹くことになったので，とにかく練習しました。部活は毎日あるんですけど，みんなより早く音楽室へ行って練習したりして，だんだん上手くなりました。あと，英語の勉強も。普段から毎日10個は単語を覚えようと決めていて，英検の試験前は毎日1時間勉強しました。 ＊9
面接官③	途中で投げ出したりしないと。
Mさん	はい。自分でやろうと決めたことは最後までやります。

＊6　具体性に欠ける。市民をどうサポートするのか，「サポート」の内容を知りたい。

＊7　＊8　志望動機として弱い。公務員として，市の職員として「自分は何がしたいのか」をはっきり説明できるようにしておくこと。

＊9　エピソードは事前に用意しておき，整理して説明できるように。

面接官③　短所の１人で抱え込むとは，どういうことですか。

Mさん　　大変なときとかも，なかなか人に助けを求められないというか……。友だちに悩みを相談することも，まずないです。＊10

面接官③　逆に相談されることは。

Mさん　　わりとよくあります。　　　　　　　　　　　　　＊11

面接官③　友だちは多いほうですか。

Mさん　　うーん……。多いほうだと思いますが，広く浅くというより，ある程度決まった友だちと深く付き合うタイプです。　＊12

面接官①　あなたは新聞を読みますか。

Mさん　　うちは新聞を取っていないので……ほとんど読みません。

面接官①　じゃあ，情報は何から得ていますか。

Mさん　　テレビやネットからです。

面接官①　最近，関心を持ったニュースは。　　　　　　　　　＊13

Mさん　　インバウンドについてです。

面接官①　インバウンドの何に関心を持ったんですか。

Mさん　　消費がすごく減ったことです。

面接官①　それに対してどう思いますか。

Mさん　　インバウンドはバブルとか神話とか言われているようなので，今は大変だけど，チャンスなのかなと思ったりしています。

面接官①　チャンスとは。

Mさん　　国内旅行で経済を立て直すということです。

＊10　＊11　＊12　友人関係の質問は，その人の社会性や協調性，集団の中での立ち位置などを見るものである。素直に答えよう。

＊13　時事問題もよく聞かれる。日頃から新聞やテレビなどを通し，さまざまな事柄に関心を持つようにすること。この場合は，新聞を読んでいないとはいえ，しっかり自分の考えを述べているので問題ない。

面接官③　学校生活で学んだことは何ですか。

Mさん　　ええっと……。協調性です。部活動で大会とかに向かってみんなで一生懸命練習してきたので。お互い意見を言い合いながらも，上手く演奏できたときは嬉しかったです。　＊14

面接官③　一番嬉しかったのは。

Mさん　　市の大会で優勝したことです。

面接官②　公務員試験を受けるにあたって，保護者の方は何と言ってますか。

Mさん　　公務員は安定しているし，女性が働きやすいからいいと言って，応援してくれてます。　＊15

面接官②　なぜ女性が働きやすいと思いますか。

Mさん　　お給料とか男女差がないですし，産休や育休も充実しているからです。

面接官②　試験が終わったら，何をしたいですか。

Mさん　　少しゆっくりしたいですが……試験で忙しかったので，久しぶりに祖父母の家に遊びに行きたいです。

面接官②　もし合格できなかったら，どうしますか。

Mさん　　来年，また受けたいと思います。　＊16

面接官②　ほかに民間企業など受けていないんですか。

Mさん　　一応受けてはいますが，第一志望のこちらに就職したいです。アルバイトしながら，また勉強します。　＊17

＊14　具体的に部活動の例を挙げて述べられたのはよい。「ええっと……」などは，できるだけ言わないよう気をつける。

＊15　公務員の仕事，職場をどの程度理解しているか。「安定している」はあまり強調しないほうがよいだろう。

＊16　＊17　もっとも無難な答え。民間企業を受けていることも正直に言おう。

面接官①　合格したら，どんな公務員になりたいですか。

Mさん　　市民のさまざまな意見に耳を傾けながら，親身に相談に乗り，
　　　　　サポートしていけるような公務員になりたいです。　　＊18

面接官①　はい，では最後に，何か質問はありますか。

Mさん　　……。特にありません。　　　　　　　　　　　　　　　　＊19

面接官①　では，面接はこれで終わります。ご苦労さまでした。

Mさん　　ありがとうございました。（立ち上がってドアまで進み「失
　　　　　礼します」と言って退室）　　　　　　　　　　　　　　＊20

＊18　志望動機にもつながるので，しっかり前向きな答えを伝えよう。

＊19　「何か質問はありますか」「何か一言あれば」と言われたときに，何も
　　言わないのはNG。「入職までに何か勉強しておくことはありますか」「公務
　　員としてやりがいを感じるときは，どんなときですか」など，何らかの質
　　問をしよう。ただし，待遇や福利厚生などの質問は印象が悪い。

＊20　イスから立ち上がったら，再度「本日はありがとうございました」と
　　言って一礼する。最後まで気を抜かないこと。

面接を終えて

　志望動機が弱く残念。「どんな公務員になりたいか」「公務員に
なったらどんな仕事をしてみたいか」など，自分でもよくわかって
いないのだろう。せっかく英語が好きで，資格も持っているのだか
ら，たとえばその英語力を観光や国際交流に活かすということも考
えられる。自己分析をやり直してみよう。

〈地方初級一般事務志望／面接官3人〉

■A君（17歳／高校卒業予定）

▶志望動機／生まれ育った地元で，人が喜ぶ仕事，人の役に立つ仕事に就きたいと思っている。▶自己紹介／長所：責任感が強い，短所：人のことが気になる。高校では生徒会の会長を務めている。部活は写真部に所属。

■B君（18歳／高校卒業予定）

▶志望動機／公務員は収入が安定していて，職場環境もいいから。長く働けて老後も安心だから。▶自己紹介／長所：行動力がある，短所：短気。小学生のときから野球を続けていたが，腰を痛めて，高校では野球部のマネージャーになった。

■C君（19歳／アルバイト）

▶志望動機／高校生のときに町内の防災訓練に参加したことがきっかけで，地域の防災に携わりたいと思っている。▶自己紹介／長所：コミュニケーション能力がある，短所：単純。高校ではボランティア部に所属し，高齢者や障害者の施設を訪問した。

■Dさん（17歳／高校卒業予定）

▶志望動機／△△市の行っている福祉支援や子育てのしやすい環境づくりなどの活動に自分も関わりたい。▶自己紹介／長所：人の話を聞ける，短所：気が弱い。文芸部に所属し趣味は読書。特にミステリー小説が好き。

■Eさん（19歳／アルバイト）

▶志望動機／公務員は育児休業や介護休暇などもあり，男女問わず安定した雇用が保障されているから。▶自己紹介／長所：仕事が速くて正確，短所：せっかち。高校時代はバスケットボール部に所属。アルバイト先から正社員に誘われている。

（面接室のドアをノックし，「どうぞ」の声に，まずA君が「失礼します」と言ってドアを開け，その後は順に入室。最後尾のEさんがドアを閉め，各自イスの横に立つ）　　　　　　　　　　　　　　　　　　＊1

面接官①　どうぞ，お座りください。

全　　員　失礼します。（と言って着席する）

面接官①　ではまず，Aさんから順に，PRを兼ねて自己紹介をお願いします。　　　　　　　　　　　　　　　　　　　　　　　　　　＊2

A　君　R・Kと申します。高校では生徒会の会長をやっていて，各委員会のまとめ役のようなことをしています。体育祭や文化祭などの行事もそうですが，何事も最後まできちんとやり通すところがあり，周りからは「責任感が強い」と言われています。

B　君　T・Fです。長所は行動力があるところです。小学生のときからずっと野球をしていたのですが，中学時代に腰を痛めて，高校では野球部のマネージャーをしています。ほかの高校に行って打ち合わせをしたり交渉したり，フットワークよく動くので頼りにされています。

C　君　Y・Oです。今年の3月に高校を卒業しました。高校ではボランティア部に所属していて，高齢者施設や障害者施設を何度か訪問しています。人見知りをしないタイプなので，施設の人たちともすぐ仲よくなれ，その場を盛り上げるのを得意としています。

＊1　入室のときは「失礼します」と言ってから一礼するのを忘れずに。

＊2　集団面接では，初めに自己紹介（自己PR）させることが多い。この場合，30秒から1分ぐらいを目安にする。早口にならないよう，落ち着いて話そう。

Dさん　　　K・Kと申します。読書が趣味で，高校では文芸部に所属して
　　　　　います。たまに短編小説を書くこともあります。普段は地
　　　　　味ですが，「人の話を聞くのが上手い」と言われていて，そ
　　　　　のせいか人に相談されることが多いです。　　　　　　＊3

Eさん　　　E・Sです。私もCさんと同じで，今年の3月に卒業しまし
　　　　　た。高校時代はバスケットボール部の副主将を勤めていまし
　　　　　た。今は会計事務所でアルバイトをしています。仕事が速く
　　　　　て正確だということで，正社員にならないかと声を掛けても
　　　　　らっています。

面接官①　（面接カードも見つつ）皆さん部活動に参加しているようです
　　　　　が，部活動から得たことや学んだことはありますか。今度は
　　　　　Eさんから順に答えてください。

Eさん　　　はい。私はバスケットボール部だったんですが，レギュラー
　　　　　になれず，何度もやめようと思ったことがあります。それで
　　　　　も結局，最後まで続けられたのは，ほかの部員たちに励まさ
　　　　　れたからです。「レギュラーになるためだけにバスケをやっ
　　　　　ているんじゃない」と思うようになったら，バスケを楽しめ
　　　　　るようになりました。私は「友情の大切さ」を学びました。

Dさん　　　本を読んだり，小説を書いたりしていたので，文章力や構成
　　　　　力が付きました。構成力というところでは，文化祭などを企
　　　　　画するときに活かせたかなと思います。　　　　　　＊4

＊3　「地味」という言葉は，ときにあまりよい印象ではない。あえて言わな
　　くてもよい。

＊4　「構成力」が抽象的でわかりづらい。構成力を企画にどう活かせたかを
　　具体的に説明できるようにしよう。

C 君　いくつかの施設を訪問したり，商店街のごみ拾いに参加したりしているうちに，いろいろな人と知り合うことができました。人とのつながりが増え，多くの仲間を得ました。それから，そのおかげで，社会の一員としての自覚も生まれたような気がします。

B 君　さっきのEさんと重なるかもしれませんが，僕も友情や仲間の大切さを学びました。中学時代に腰を痛めたとき，いったん野球を辞めたのですが，同じ高校に進んだ野球部の仲間が「また一緒にやろう」と誘ってくれ，迷ったけれどマネージャーをすることに決めました。いざやってみるとやりがいがあり，仲間には感謝しています。　　　　　　　　＊5

A 君　私は写真部に所属していますが，ファインダーを通してものごとを注意深く見るようになり，その結果，ものごとを多面的に見て考えられるようになったと思います。また，文化祭などで写真部の展示は人気がなかったのですが，みんなでアイデアを出し合い，チラシを作って配布したり写真教室を開いたりして，たくさんの人を集めたことがありました。そのおかげで，問題を解決する力もついたように思います。

面接官②　この市のよいところを聞かせてください。手を挙げて答えてください。（Eさんが手を挙げる）はい，Eさん。

Eさん　交通の便がよく，地理的にも日本各地への移動がしやすいところです。

面接官②　なるほど。ほかの方はどうですか。（A君とC君が手を挙げる）はい，Aさん。

＊5　他の人の意見と重なっても問題ない。自分なりの意見を述べよう。また，自分を指すときは「僕」ではなく「私」。

A　君	交通網が発達していて都会にもかかわらず，自然も多く残っているところです。
面接官②	自然というと，どの辺りを思い浮かべてますか。　　　　＊6
A　君	え……と，あちこちに公園やお寺なんかがあるのもそうですが，特に△△森林公園や□□神宮が広大で，緑豊かだと思います。
面接官②	では，Cさん。
C　君	防災に力を入れているところだと思います。10年前の××川の水害を教訓に堤防を強化したり，災害や避難情報を伝える防災アプリを運用したりと，対策がされていると思います。 　　　　＊7
面接官②	あとの2人はどうでしょう。Bさん。
B　君	歴史があるところです。街なかにお城やお寺など文化財もたくさんあって，いいなと思います。
面接官②	では，Dさん。
Dさん	はい。福祉支援や子育て支援が充実していて，暮らしやすいところだと思います。
面接官②	市の活動を知っていますか。
Dさん	はい。「△△市○○プロジェクト」というのを，市のサイトやパンフレットで知りました。　　　　＊8
面接官③	皆さんは，どうして公務員になりたいんですか。またAさんから順に答えてください。

＊6　面接官が突っ込んで質問してくることもあるので，慌てずに答えられるようにする。

＊7　＊8　自分が受ける市のことをよく調べているのがわかる。

A　君　　生まれ育ったこの市で，地元の人の役に立つ仕事に就きたいと思ったからです。

B　君　　公務員は収入が安定していて，職場環境がいいからです。老後も安心だと。

C　君　　高校生のときに町内の防災訓練に参加したことがあるのですが，それ以来，地域の防災に携わりたいと思っていました。

Dさん　福祉支援や子育てのしやすい環境づくりなど，市の活動に共感を覚えたからです。自分もその活動にかかわりたいです。

Eさん　公務員は育児休業や介護休暇などがあって，男女に関係なく安定した雇用が保障されているからです。

面接官③　Bさん，公務員の安定性や職場環境のよさを挙げていましたが，たとえば，希望していない部署に配属されたらどうしますか。

B　君　　どんな部署でも頑張ります。　　　　　　　　　　　　　＊9

面接官③　職場の人たちとうまくやっていけますか。

B　君　　はい。今までに人間関係でトラブルが起きたことはないですし，気が合わない人には近づかなければ問題ないと思います。
　　　　　　　　　　　　　　　　　　　　　　　　　　　　　　＊10

面接官③　Eさんも安定していることを志望動機としていましたが，出張や転勤などがあっても大丈夫ですか。

Eさん　はい。私は，公務員は男女平等であるところがいいと思ってます。出張や転勤も承知の上で志望しているので大丈夫です。

＊9　この答えでは，何も希望がないように思える。「希望の部署で働けるのが一番ですが，そうでなくても精一杯仕事に取り組みます」などと答えるとよい。

＊10　気が合わない人とも仕事はしなければならない。「気が合わない人とは話し合い，理解し合えるように努力します」などとしよう。

面接官③　Aさん，地元の人の役に立ちたいということでしたが，どんなことをやってみたいですか。

A　君　前に生徒会で，学校近くの商店街のにぎわいを取り戻そうという企画に参加したことがあって，それで，町おこしとか地域振興とかをやってみたいです。

面接官③　Cさんは防災に携わりたいということでしたね。その中でも特にやってみたいことってありますか。

Cさん　まずは，市民の防災意識を高めたいです。

面接官③　具体的には。　　　　　　　　　　　　　　　　　　　　＊11

Cさん　そうですね……広報活動とか……防災フェアのようなイベントを開くのもいいと思います。

面接官③　Dさんにも同じように聞きます。市の活動の中で特にかかわりたいことは。

Dさん　福祉関係です。特に高齢者や，その家族の人たちの話をよく聞いて，困っていることとかがあれば手助けしたいです。

面接官①　ところで皆さんは，ストレスをどんなふうに発散してますか。Eさんから順に答えてください。

Eさん　あまりストレスを感じないので……特にありません。　＊12

Dさん　やっぱり読書です。特にミステリー小説とかを読むと，日常のことを忘れられます。

C　君　カラオケです。アルバイト先の仲間ともよく行ってます。

B　君　僕は野球観戦です。テレビでも見ますが，球場にもよく行っていて，スカッとします。

＊11　具体性に欠けると突っ込まれる。

＊12　「ストレスを感じたことがない」は避けたい。本当にないなら，たとえば気持ちが落ち込んだとき，スッキリしないときにどうするかを考えよう。

Ａ　君　　ジョギングです。　　　　　　　　　　　　　　　　　＊13

面接官①　Ａさん，ジョギングは毎日走ってるんですか。

Ａ　君　　あ，いえ，毎日ではないんですけど，モヤモヤしたときなん
　　　　　かに30分ぐらい走るとリフレッシュできます。

面接官①　Ｄさんは，どのぐらい本を読んでるんですか。たとえば週に
　　　　　何冊ぐらい。

Ｄさん　　週に３冊は読んでると思います。

面接官②　最近，気になったニュースは何ですか。これも順番に，今度
　　　　　はＡさんから。

Ａ　君　　新型コロナウイルスのワクチン予防接種についてです。思う
　　　　　ように進んでいないのが気になります。

面接官②　自分が打てることになったら打ちますか。

Ａ　君　　はい。祖母と同居していて，もし自分がうつしたら，とか考
　　　　　えると心配なので打ちたいです。

Ｂ　君　　野球で，Ｆチームが５連勝したことです　　　　　　　＊14

面接官②　それのどんなところに関心を持ったんですか。

Ｂ　君　　子どもの頃から応援してるチームで，ここんところ調子が悪
　　　　　くて最下位が続いてたんですけど，５連勝して興奮しました。

Ｃ　君　　被災地の仮設住宅が気になります。

面接官②　どこの被災地かな。

Ｃ　君　　最近のニュースだと熊本です。熊本地震後の仮設住宅が2027
　　　　　年度以降に解消されると知って，被災者の人たちは大丈夫か
　　　　　なと。ちゃんと住むところができるのかと気になりました。

＊13　一言で終わらせず，もう少し説明を加えたい。

＊14　野球のニュースが問題あるわけではないが，ここはできるだけ時事的
　　　なことを取り上げよう。受験先（自治体）に関するニュースであればなおよい。

Dさん　　東京オリンピック・パラリンピックについてです。開催されるかどうか気になります。

面接官②　Dさんはどう思いますか。

Dさん　　選手たちのことを考えると開催されたほうがいいし，でも，新型コロナウイルスのことを考えると不安です。どちらがいいのか……よくわかりません。

Eさん　　私は，働き方改革が気になりました。民間企業では広がってるようですが，公務員はどうなんだろうと。

面接官②　公務員の場合，どう変わっていけばいいと思いますか。

Eさん　　ペーパーレス化やテレワーク環境の整備などから進めていったらどうかと思います。

面接官②　それについて，Bさんはどう思いますか。

B 君　　えっ。ええっと……働き方改革は……すみません，よくわかりません。

面接官②　では，Cさんはどうですか。

C 君　　ITの環境を整備して……たとえばスケジュール管理を共有するとかするといいと思います。

面接官①　はい，それでは集団面接を終了します。ご苦労さまでした。

全 員　　(立ち上がって)ありがとうございました。(と言って一礼する)　　　　　　　　　　　　　　　　　　　　　　　＊15

(ドアに一番近い人が先頭となり，順番に退出する。退出するときには「失礼します」と言って一礼。最後の人はドアを閉める)

＊15　最後の挨拶も気を抜かずにしっかりと行う。

面接を終えて

■A君

　　生徒会での活動がよく伝わり，志望動機にもつながっていて好印象。リーダーシップも感じられる。

■B君

　　野球への思いはわかるが，いろいろ野球に絡めすぎている。日頃からさまざまなニュースに関心を持って視野を広げよう。

■C君

　　一貫して「防災」に関連した意見を述べていて，意志を感じる。もう少しそれ以外の幅，余裕があってもよい。

■Dさん

　　一見おとなしそうな感じがするが，自分の意見をしっかり述べている。聞き上手という自分の長所もよくアピールできている。

■Eさん

　　公務員のことなどもよく勉強していて，積極的でよい。もう少し肩の力を抜くと，より印象がよくなる。

　集団面接では，個別面接以上に**自分の意見をきちんと述べる**ことが求められる。自分を見直し，志望動機をはっきりさせよう。

　公務員のことはもちろん，社会のさまざまなことに関心を持って**視野を広げる**ことも大事である。

オンライン面接に備える

・端末の用意やネット回線の整備など，しっかりチェックしておこう。
・「画面越し」の面接なので，表情や声の出し方のほか，映像の見え方も大事である。

1 オンライン面接の基本

　新型コロナウイルス感染拡大を受け，オンライン面接を取り入れる企業が急増している。公務員試験ではまだ一部だが，今後増えていく可能性は高い。また，感染状況によっては，対面面接の予定が急遽オンライン面接に変わることも考えられる。オンライン面接についても，その特徴などを理解し，対策を練っておく必要があるだろう。

オンライン面接って？

　オンライン面接とは，インターネット回線をつなぎ，パソコンやスマートフォンなどを通して行う面接のことである。WEB面接ともいわれる。面接官と直接顔を合わせる対面面接とは異なる点も多いため，戸惑うことのないよう事前にしっかり準備しておこう。

(1)対面面接との違い

　面接での質疑応答や選考基準は，通常の対面面接とほとんど変わらない。大きく違うのは，「画面越しでコミュニケーションをとる」という点である。指定された面接会場へ移動する必要がなく，自宅などで受けることが多いため，準備さえしっかりしておけば「対面よりも緊張しにくい」といえるだろう。

　また，必要な機器を揃えたり，ネット環境を整えたりしなければならないのも，オンライン面接の特徴である。このような機器やツールの操作に慣れておくことも大事である。

⑵オンライン面接のメリット

　画面越しの面接は「普段のテンポで話しにくい」「面接官の様子や反応が読み取りにくい」といった問題もあるが，それを上回るメリットもある。いくつか挙げてみよう。

〈オンライン面接のメリット〉

・移動時間や交通費が削減できる。

・面接日程の調整がしやすい。

・遠方でも面接が受けられる。

・対面より緊張しにくい。

・面接官が複数でも，圧迫感が少ない。

　採用する側にとっても，時間やコストを削減できるメリットがある。それぞれのメリットを理解して，面接対策に活かそう。

 事前に準備しておくことって？

　どのような面接形式であっても，事前の準備は大切である。しかし，オンライン面接の場合は，機器やネット回線の不具合といったトラブルが起きる可能性も考えておかねばならない。順に説明していこう。

⑴必要な機器を揃える

　パソコンやスマートフォン，タブレットなどのIT端末は必須。オンライン面接では，画面が大きく安定したパソコンが最適だが，所有していなければスマートフォンやタブレットでも可能である。その場合は，面接中にぐらついたり倒れたりしないよう，しっかり固定すること。専用の台を用いるのがおすすめである。

　また，端末にカメラやマイクの機能がないときは，外づけWEBカメラ，イヤホンマイク，ヘッドセットなども揃えるとよい。

⑵ツールをインストールする

　オンライン面接は，Zoom，Skype，Google Meetといったツー

ルを介して行われる。受験先が導入しているツールをインストールしておこう。登録が必要なものもあるので，事前にアクセスし，きちんとつながるか確認しておくことが大事である。

すでにインストール済みで使用している場合も，表示名やアイコンの見直しが必要である。それらの情報は相手に見られてしまうため，プライベートのくだけたものはNG。**表示名は本名，プロフィール写真などは正面から写っているフォーマルな画像を設定しよう。**

⑶ネットワーク環境を整える

安定したネットワーク環境は，オンライン面接の要である。普段，ポケットWi-Fiやスマートフォンのテザリングを利用している人もいるだろうが，通信が不安定になりやすいので，面接ではできるだけ避けたい。もっとも安定しているのは，固定回線での有線接続である。とはいえ，それが無理な場合もあるだろう。できる範囲で整え，事前に接続や音声のテストをしておくようにしよう。

機器の準備を含め，どうしてもネットワーク環境が整えられない場合は，学校などに相談し，パソコンの貸し出しやインターネットとつながる教室の利用などが可能か聞いてみてもよいだろう。

⑷室内の環境を整える

オンライン面接は，静かな場所で受けるのが基本である。ドアや窓を閉め，できるだけ騒音や雑音が入らないようにしよう。自宅の場合，同居する家族がいるのであれば，事前に面接がある旨を伝え，協力してもらうことも必要である。

また，自分の姿が相手にどう映るかも考えなくてはいけない。全体が明るく映るように昼間でも部屋の電気をつける，何もない壁やカーテンを背景にするなど工夫し，映り方をチェックしておこう。

⑸資料を用意する

受験先に関する資料，履歴書や面接カードのコピー，想定問答をまと

めたメモなどを用意しておくと面接中に非常に役立つ。ただし，メモなどをずっと見ながら話していては，うつむきがちになり，相手と目線が合わなくなってしまう。資料は，たまに見る程度のものと心得よう。

　メモがないと不安な人は，伝えたいことを付箋に書き込み，カメラの横に貼っておくと目線が大きく外れない。

⑹いざというときに備える

　「音声が聞こえない」「接続が途中で切れた」など，オンライン面接はトラブルと隣り合わせである。事前に十分準備しておいても，当日トラブルが起きることは十分ありうる。そのような不測の事態に備えて，担当者の連絡先を確認しておこう。

　トラブルが起きた場合は，まず自分で対処し，改善が見られなければ担当者に連絡する。その場をどう乗り切るかも，大事な評価ポイントである。

⑺リハーサルを行う

　一通り準備ができたら，オンライン環境の整っている友人や家族と実際に通話してみよう。接続状況や映り方の確認だけでなく，想定問答など本番さながらにリハーサルしてみると，当日慌てずにすむ。「表情が硬い」「言葉が聞き取りにくい」など，フィードバックも期待できるだろう。

2 オンライン面接の進め方

 オンライン面接当日の流れ

挨拶から始まって質疑応答，挨拶で終わる，という流れは対面面接と同じである。ここでは，オンライン面接ならではポイントを押さえながら，当日の流れを見ていこう。

⑴端末の設定を見直す

面接に使用する端末のソフトやアプリの通知を「非通知設定」にしておく。面接の最中に通知音が鳴ると，気になるどころか相手を不快にさせてしまうだろう。

また，使用するパソコンやタブレットを非通知設定にしても，そばに置いたスマートフォンに着信や通知があるかもしれない。そういう場合に備え，スマートフォンの電源切っておくことも必要である。

⑵開始10分前にはログイン

設定見直しのほか，接続状況の確認や資料の準備など，面接前にするべきことは，開始15分前には終えておく。10分前，遅くとも5分前には使用するツールを起動し，ログインしよう。ログイン状況は相手にわかるため，時間ギリギリはもちろん，早すぎてもいけない。

ログイン後は，相手が応答するまで気持ちを整えて待つ。

⑶面接は明るくハキハキと

相手から応答があったら，いよいよ面接スタート。背筋を伸ばし「○○（氏名）です。よろしくお願いします」と挨拶してから，頭を下げよう。オンライン面接の場は，立ち上がる必要はない。その後，「こちらからの音声に問題はありませんか」などと確認すると，スムーズに面接を始められる。

以降は，対面面接と同じである。明るい表情で，聞き取りやすいよう

にハキハキと，そして要点を絞って簡潔に話すこと。時には身振り手振りを交えると，相手に感情が伝わりやすい。

(4)面接が終わったら接続を切る

面接が終わったら「本日はお忙しい中，ありがとうございました」と言って（座ったまま）頭を下げる。基本的には相手が接続を切るのを待つが，「どうぞ先に終了してください」と促されることもある。その場合は，「では失礼します」と言ってツールから退出し，終了させよう。

オンライン面接の注意点

(1)身だしなみは対面面接と同様に

面接する場所がたとえ自宅でも，気を抜いてはいけない。オフのようなカジュアルな格好では，「面接を何だと思っているのか」「本当に面接を受ける気があるのか」と思われ，印象を悪くするだけである。

服装はスーツ，髪型やメイクも，フォーマルで清潔感のあるものにする。寝ぐせはもちろんNGである。スーツやシャツのしわなども，思っている以上に相手にわかってしまうので，対面面接のときと同様に細かいところまで注意しよう。そうすることで，気を引き締めて面接に臨むことができる。

(2)「会話のキャッチボール」を意識する

オンライン面接では面接官が目の前にいないため，「普段のテンポで話しにくい」「相手の話に集中しにくい」といったことが起きやすい。こちらが話している間，マイクをオフにする面接官も多く，つい会話をしていることを忘れてしまうこともある。

これも対面面接と同様に，「会話のキャッチボール」を意識すること。表情に注意しながら相手の話をしっかり聞き，それに対する自分の答えを落ち着いて返すようにしよう。

⑶メモ帳とペンを用意する

　必要な資料と併せて，メモ帳(メモ用紙)とペン(書くもの)を手元に置いておこう。面接官が話した内容はメモしておきたい。メモを取るときは「メモを取らせていただいてもよいでしょうか」などと確認することを忘れずに。

　パソコンでのメモは，タイピングの音が相手に聞こえてしまう。面接に支障をきたすのでNGである。

⑷充電を確認しておく

　意外に忘れやすいのが，端末やイヤホンなど機器の充電である。充電が切れたために面接が中断，などということにならないよう，十分に充電されていることを確認しておこう。

　いざというときに備えて，モバイルバッテリーや充電器を用意しておくとよいが，充電器に接続したまま行うのが一番安心である。

⑸話すときの目線は「カメラ」に

　オンライン面接では画面を見つめがちだが，面接官と目線を合わせるにはカメラを見る必要がある。カメラに目を向けることを意識しよう。とはいえ，ずっとカメラだけを見ている必要はない。相手が話すときは，様子や反応を見るため，画面を見るようにするとよいだろう。

　目線を自然に向けるには，まっすぐ前を見たときの目線とカメラの高さを同じにすること。それに合わせて，端末の位置を考えなくてはいけない。低い位置におくと面接官を見下ろすことになり，逆に高い位置だと顎が上がって感じが悪くなる。端末の下に台を置くなど，工夫が必要である。

Chapter

02

作文試験対策

テーマ 01 作文試験のポイント

・よく出る出題テーマを知り，テーマ別の文章のまとめ方を身につけよう。
・作文試験でどのような適性を見られているかを理解しよう。

---

1 公務員試験の作文試験の特徴

公務員試験の作文って？

公務員試験では，筆記試験や面接試験とともに作文試験が課されている。試験内容は，提示された課題について書くもので，制限時間は45分から1時間程度，字数は600字から1000字程度の作文ということが多い。

制限時間があることから，作文試験では時間配分が重要になる。書き上げてすぐ提出時間が来てしまうというのは避けたいので，10分程度余裕を持って書き上げられるようにするのがよい。課題について考える時間も必要なので，だいたい20〜30分で600〜1000字の文章を書けるように心掛けよう。よく出る出題テーマ別にあらかじめ大まかな文章を考えておくと，より早く作文が書けるのでおすすめだ。

〈作文試験の時間配分例（60分の場合）〉

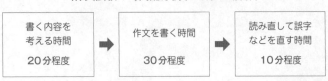

| 書く内容を考える時間 20分程度 | → | 作文を書く時間 30分程度 | → | 読み直して誤字などを直す時間 10分程度 |

時間配分が大切です。

　内容については，国家公務員でも地方初級公務員でも，「社会生活全体について」や「学校生活について」など，受験者の経験を述べるものなどが出題されており，社会人として，また，公務員を目指す者としての社会や仕事に対する理解や考え，受験者の人となりなどを見る傾向がある。

〇**社会生活全般で出題されやすいもの**
　・少子高齢化　　　・まちづくり　　　・防災問題
　・住民が公務員に期待していること
　・公務員としてやってみたい仕事　　　　　　　　　……など
〇**受験者の経験を問うものとして出題されやすいもの**
　・失敗したこと　　　　　　　　・頑張ったこと
　・学校生活での出来事　　　　　・職務経験について　　　……など

　公務員の仕事や姿勢に関する課題が出されることもあるので，たとえば，自分が目指す職場でどのような仕事が行われているか，大まかなところをつかんでおくとよいだろう。少子高齢化など現代の社会が抱えている問題については，今後も出題が予想されるので，新聞などで情報をチェックしておくとよい。その上で自分の意見もまとめておくとベストだ。

　形式については，１つの課題に答える形のものが多いが，グラフなどの資料が用いられることもある。過去にグラフを使った出題があった場合は，新聞に載っているグラフのデータが示す内容を読み取る練習などをしておく。

　また，まれに，三題ばなし形式というものが出題されることがある。三題ばなし形式というのは，たとえば，「努力，能力，可能性の３語を用いて作文せよ」という形式のものである。

　いずれにせよ，受験予定の自治体などの過去の問題や，公務員試験に向けた問題集などで，文章をまとめる練習をしておくのが有効である。

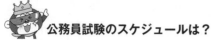 **公務員試験のスケジュールは？**

　公務員試験では，受験案内が配布され，申し込みをし，一次試験，二次試験，合格発表といった流れで行われることが多い。教養試験，作文試験，面接試験などで選考が行われているのが一般的だ。日程についても，**自治体のホームページ**などで早めに調べておく必要がある。前年度の情報からでも応募締め切り日などを確認し，確実に受験できるようにしよう。

　一方，一般企業の試験の場合は，**3月頃に説明会**などが始まり，エントリーシートを提出し，**6月頃から選考**が行われるということが多い。

　しかし，それぞれの企業によって採用試験のスケジュールは千差万別だ。面接や作文だけではなく，適性検査などが行われる場合も多いのが一般企業である。もちろん，近年では公務員試験でも適性検査がある場合があるので，試験案内などをチェックしよう。

〈主な公務員試験(事務職)高卒者，社会人・経験者区分の日程〉

試験名	区分	申込締切	1次試験	2次試験	合格発表
国家公務員一般職	高卒者	6月下旬	9月上旬	10月中旬〜	11月中旬
	社会人(係員級)				
専門職	税務職員				
	刑務官	7月下旬	9月中旬		
裁判所	高卒者	7月中旬			
東京都	Ⅲ類	8月上旬	9月中旬	10月中旬〜	11月上旬
	キャリア活用	7月中旬	9月中旬	11月上〜中旬 11月下旬 (3次試験)	12月上旬
特別区	Ⅲ類		9月中旬	10月下旬〜	11月中旬
	経験者				
地方初級(道府県・政令市)		8月下旬	9月下旬	10月中旬	11月下旬
市役所初級				10月下旬	12月上旬

年度によって試験区分や日程が変動します。
必ず最新年度の試験区分を確認しよう。

公務員の目的と一般企業の目的の違い

公務員試験と一般企業の試験では違いがあると説明したが，そもそも公務員と一般企業はその目的が違う。

一般企業は，最終的には会社の利益を追求するものである。一方，公務員は国家や国民のために働く人たちである。

たとえば，地方自治法１条の２には，「地方公共団体は，住民の福祉の増進を図ることを基本として，地域における行政を自主的かつ総合的に実施する役割を広く担うものとする」とあり，自治体の目的は住民福祉の増進であることや，地域の行政を自主的かつ総合的に実施する役割を担っていることがわかる。したがって，公務員の仕事は一般企業のように効率重視ではない場合もあり，公平性や公正さが求められるのである。

また，公務員の場合は，自治体などによって勤務時間が決められている。おおむね暦どおりで週休二日制だが，災害などの場合はその限りではない。台風や地震などで地域に被害が出れば出勤を求められることもある。さらに，警察官や消防士などは，勤務形態が上記とは違っている場合がある。

必然的に，公務員と一般企業とは求められる資質が違うため，採用試験で重視されるものも当然違ってくる。作文試験でも，一般企業で課される作文の課題とは違い，「公務員に求められているもの」や「私の考える望ましい公務員像」といった課題が出される場合が多い。

公務員というと，不況に強い職業であることや待遇のよさなどに魅力を感じて志望するという話を聞くことがあるが，そもそもの公務員の仕事の目的をしっかりと知っておくことが大切である。

作文試験のときには，まずは公務員の役割をしっかり考えて，公務員を目指す者としてふさわしい作文を書くようにしよう。

2 よく出る出題テーマ攻略法

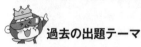 **過去の出題テーマ**

　作文試験では，受験者の総合的な能力や公務員としての適性など，公務員としての資質を見る目的がある。課題もその目的に合ったものが選ばれる。実際の出題例をみてみよう。（　　　）は出題された職種や自治体

○社会人としての自覚をみるもの

・成人としての自覚ある言動について思うこと（国家一般職［高卒］）

・社会生活におけるルールの大切さについて（入国警備官）

・学生と社会人に「求められるもの」の違いについて，あなたの考えを述べてください。（滋賀県）

・あなたが組織の一員として，上司や同僚と仕事を進めていく上で大切にしたいことについて，考えるところを述べなさい。（香川県）

・組織（チーム）で仕事をするうえで大切なことは何か，あなたの考えを述べなさい。（新潟市）

・私が考える「大人」とは（裁判所事務官・高卒者区分）

○受験者の人物をみるもの

・自分が人と接する上で大切にしていること（裁判所一般職：裁判所事務官，高卒者区分）

・理想の自分になるために努力していることについて述べよ。（愛知県）

・「チャレンジ」をテーマに，自由に述べなさい。（島根県）

・あなたが自身の成長を感じられたことについて述べなさい。（岡山県）

・優しさと厳しさについて思うこと（入国警備官）

・ワーク・ライフ・バランス（仕事と生活の調和）について，あなたの考えるところを述べなさい。（香川県）

・あなたがこれから仕事をする上で伸ばしていきたいと思う能力は何か，そのためにどう取り組むかも併せて述べなさい。（愛媛県）

・最近３年間で自分が最も失敗したと思う出来事と，その経験から学んだこと（京都市）

○受験者の経験と経験から学んだことをみるもの

- ・学生生活において，努力の結果が報われた経験について（海上保安学校）
- ・「責任を果たすことの大切さ」について，あなたの経験を踏まえて述べなさい。（山形県）
- ・これまでの学校生活や地域活動等で取り組んだ経験の中で，その経験から得たものを自身が努力したことにも触れながら，具体的に述べてください。（大阪府）
- ・自分を変えた大きな出来事と，その出来事から学んだこと（京都市）
- ・自分の成長を感じたとき（福岡市）
- ・あなたが勇気を持って取り組んだことを挙げ，そこから学んだことについて述べなさい。（秋田県）
- ・あなたが人とのつながりにおいて大切にしていることを，実体験を交えて述べなさい。（福島県）
- ・人から信頼を得るために必要なことはなにか，今までの経験をもとに考えを述べなさい。（さいたま市）

○公務員としての仕事に関するもの

- ・道民から期待される北海道職員とはどのような人物か，あなたの考えを述べなさい。（北海道）
- ・あなたが考える青森県の問題点と，その解決方法について述べなさい。（青森県）
- ・「あなたが考える公務員の仕事の魅力とやりがいについて」（茨城県）
- ・最近関心を持ったことを一つ挙げ，県職員として採用された場合，そのことにどのように取り組むべきか，あなたの考えを自由に述べなさい。（富山県）
- ・滋賀県が抱える課題と，その課題を解決するために必要な取組について，あなたの考えを述べてください。（滋賀県）
- ・島根県をよく知らない県外の人に，あなたが是非伝えたい「島根の良いところ」について自由に述べなさい。（島根県）
- ・千葉市の好きなところを挙げ，その魅力をアピールするために，あなたが千葉市職員として取り組みたいことについて述べなさい。（千葉市）
- ・新潟市が若者にとって住みたくなるまちになるために，どのような取り組みが考えられるか，あなたの考えを述べなさい。（新潟市）

このように，大きく分けて，

○社会人としての自覚をみるもの
○受験者の人物をみるもの
○受験者の経験と経験から学んだことをみるもの
○公務員としての仕事に関するもの

といったテーマが出題されている。

　テーマ別にみると，「社会人としての自覚をみるもの」では，「社会人として信頼されるために必要なことは何か」といった課題が出題されがちだ。

　「受験者の人物をみるもの」では，「チャレンジしたこと（これまで自分が頑張ってしたことなど）」を問うた自治体が複数ある。

　「受験者の経験と経験から学んだことをみるもの」では，それまでの経験からどのようにすれば相手の信頼を得られるかを考える問題などが多い。

　「公務員としての仕事に関するもの」というテーマは出題されることも多いが，「この自治体の好きなところをアピールする方法」，「公務員として求められているものは何か」，「公務員として仕事をする上で大切にしたいこと」，「この自治体をよりよくするためにはどうすればよいか」といった課題が主に出されている。

　そのほか，人口減少や少子高齢化，安全なまちづくりといった社会事情に関するものや，志望動機が問われることもある。新聞などに目を通して，地域の問題や，社会全体の問題を理解しておくのも重要だろう。グラフなど資料を参考にして書く場合も想定されるので，新聞などでグラフが掲載されていた場合には，記事のどの部分が資料から読み取れる内容かチェックしておくのもよい。

このテーマのときはこう文章をまとめる

　実際の作文や注意点，ポイントなどは，テーマ03の「作文の例題と書き方のコツ」で示すが，ここではテーマごとに外さずに入れておきたい内容や，文章のまとめ方を紹介していく。

①社会人としての自覚をみるもの

　これらのテーマでは，受験者が社会人として仕事をしていく上で，必要な資質を備えているかを知ることが目的である。

　公務員は，市役所などで公の仕事をする人である以前に，社会人である。業務内容を早く覚えて，的確に仕事ができることは重要だが，仕事をする上では他の人とコミュニケーションをとる必要があることが多い。

　円滑なコミュニケーションのためには，社会人として周囲の人や社会と適切に付き合える必要がある。社会や他者と適切に付き合うことができれば，相手とのコミュニケーションの土台となる信頼関係も築きやすい。

　作文では次の3つの項目を作文に取り入れてみるとよい。

1．相手の話をよく聞き，相手の求めるものを理解する
2．相手の求めることで，自分にできる仕事は何か判断する
3．相手にわかりやすいように説明する

　たとえば，上記の3つを使って「社会人として信頼されるために必要なことは何か」という作文について，次のような文章のまとめ方が考えられる。

〈社会人として信頼されるために必要なことは何か〉

　社会人として信頼を得るためには，周囲と適切にコミュニケーションできる必要があると思う。そのためには，まず相手の話をよく聞き，何が問題でどのような解決が求められているのか理解することである。わからないことがあれば素直に聞くことも重要である。そのうえで，自分はどのような仕事ができるかを考え，その仕事がもたらす結果や途中で行わなければならないことなど，相手にわかりやすいように伝えることが重要である。このように，ものごとに真摯に，かつ的確に行動することが，相手の信頼を得ることにつながると考える。

　これだけでは200字程度しかないので，指定された字数になるように，自分の経験したことや，具体的な例といった内容を加える必要がある。

　また，公務員試験の作文なので，「公平・公正さ」を資質として求められている。「どの人に対しても公平に対応する」ことも加えておきたい。

②受験者の人物をみるもの

　このテーマでは，「努力したこと」や「チャレンジしたこと」，「長所，短所」といった，自己PRにつながりやすい課題が出されると思ってよい。

　受験者が自分自身について客観的に述べることで，受験者がどのような特性を持っているのか，社会性はどのようであるかをみるのが目的だと考えられる。中には，「仲間と協力して行ったこと」というように，人間関係の築き方について問われるものもある。

　さらに，「私の長所，短所」など，直接的に自己PRにつながる出題もある。

　しかし，いきなり自分のよいところや得意なこと，人と共同で作業したときの自分の役割や，どのように役立ったかなど，すぐに思い浮かば

ない人もいるだろう。

　そのため，あらかじめ自分の長所や短所，これまでに頑張ったこと，どのようなことなら頑張れるか，これだけは人に負けないということは何かを，150〜200字程度でまとめられるようにしておくと，試験のときに落ち着いて取り組みやすい。

　自分の長所，短所，これまで頑張ってきたこと，続けてきたことなどをメモするようにして，文章をまとめるときの手がかりにしよう。

●私の長所・短所メモ

私の長所：

私の短所：

私はどんなことができるか：
（頑張ってきたこと・続けてきたこと）

一度，書いてまとめて
みると整理できるよ！

自分の短所を知ることは，**客観的に自分をみることができる**ようになるだけではなく，自分の隠れた能力に気づくきっかけにもなる。

　たとえば，なかなか決断できないという短所は，ものごとをじっくり考えることができるということでもある。あわてて行動しがちだという短所は，すぐに行動できることでもある。

　これまで短所と思っていた部分が，何かの経験でプラスに生きたことがないか，一度，これまでのことを振り返ってみよう。

　また，直接，短所について問われる場合もある。そのときには，上記のように，短所であっても役に立った場面などを述べることで，自己PRにつなげることができる。

③受験者の経験と経験から学んだことをみるもの

　このテーマでは，**体験を成長につなげられるか**を通して，受験者の特性や公務員としての適性をみることができる。

　他のテーマでも，受験者の具体的な経験を書き，主張に説得力を持たせることは有効であるが，課題に「自分の経験から考えよ」というような言葉がある場合は，より，**具体的な経験の内容，受験者がその経験をどうとらえたか**といった内容が重要になってくる。

　具体的な経験とは，部活動での出来事や，友人との間であったこと，家族間の出来事などさまざまなものがある。

　なかには，書くことがたくさんあるという人もいるだろう。部活動の

出来事であれば，厳しい練習，仲間の絆，大会での緊張などたくさん書きたくなるが，いろいろな要素が含まれてしまい，言いたいことがわからなくなる可能性がある。そのため，書く経験はできるだけ1つに絞るほうがよい。

　もっとも成長につながった出来事，自分の人生観に影響を与えるような強い印象のある出来事，自分のよさが一番発揮された出来事など，課題に合っている出来事1つを選び，書くようにしよう。

　自分の体験したことは，自分ではよくわかっている内容だけに，説明不足，言葉足らずになりがちである。練習方法やミーティングにつけられた名前などは，部活動の仲間には通じるが，外部の人にはわからないだろう。ほかにも家族内では当たり前の言葉が，関わりのない人にはわからないこともある。まったく自分のことを知らない人が読んでもわかるような丁寧な表現が望ましい。

　仲間うちでしか通じない言葉には，説明を加えたり，ほかの言葉に置き換えたりするといった工夫をしよう。

●出来事をそれぞれ1つずつメモしておこう！

　自分の成長につながった出来事：

　もっとも充実感を覚えた出来事：

一番の出来事を
思い出そう！

④公務員としての仕事に関するもの

　このテーマでは，公務員としての適性や，仕事に対する理解をみる目的がある。警察官などの試験では志望理由を聞かれる理由も多い。

　理想の公務員像や，志望理由などを作文で書くためには，仕事の内容をある程度理解している必要がある。インターネットや書籍などで職務内容を確認することができるほか，採用試験案内に主な職務内容が書かれている場合があるので，早めに確認しておくとよい。

　理想の公務員像や志望動機について問われた場合には，次の内容を取り入れると書きやすい。

　１．公務員を志望するきっかけになった出来事
　２．どのような公務員になりたいか
　　　→具体的に望む業務があれば，２つほど挙げる。
　３．自分は公務員になったらどのような心構えで２．の内容に取り組むか

　１.のきっかけは，身近な人が公務員として働いている姿を見て憧れた，というものや，まちで働いている姿を見て尊敬できた，役所で身近な人が手続きをするときに働く姿を見て自分もそのような仕事をしたいと決意した，といったものなど，人によってさまざまだろう。自分がなぜ公務員を志望したのか，そのきっかけをぜひ思い返してほしい。きっかけを思い出したら，100字程度でまとめられるようにしておくと実際の作文を書くときに便利である。

　２.は作文の中心となる内容である。１.の内容を受けて志望することにした公務員について，受験者の意欲や，職務内容を把握しているかをみることができる部分だ。

　たとえば，地方自治体では住民と直に関わることが多い部署もある。そういうところでは，「住民の話をよく聞き，住民に寄り添うことがで

きる」,「公平・公正な態度」も適性として欠かせないものである。それらを理解した上で，自分が理想とする公務員像を述べる。

3.は受験者が，**自分を客観的に見ることができているかどうか**がわかる部分でもある。自分の長所や短所を理解し,「ボランティア活動でつちかったコミュニケーション力を活かして，誠実な対応をしていきたい」とか,「持ち前の穏やかな性格で，住民の安心を支える存在となりたい」といった内容が考えられる。

またこのテーマでは,「○○市の好きなところをアピールする方法」や「○○市をよりよくするためにはどうすればよいか」といった，その自治体の魅力や問題点などに関係のある課題も出題されることが多い。あらかじめ，**志望する自治体の好きなところや，人口減少や地域の医療の問題などを把握しておこう。**

作文の構成例は次のようなものがある。

〈「○○市の好きなところをアピールする方法」作文の構成例〉

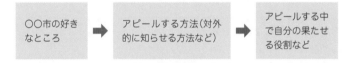

○○市の好きなところ　→　アピールする方法（対外的に知らせる方法など）　→　アピールする中で自分の果たせる役割など

問題を取り上げるときは，**最初に問題を取り上げ，解決方法を述べ，自分が公務員になったらどのような役割を果たせるかなど**を具体的に書くとよい。

志望先のことをしっかり調べておくことが大切です。

作文で何をみているのか

社会人としての態度や公務員としての適性が見られているのは，これまでにも述べているとおりだ。また，テーマ別に見ると，「社会人としての自覚を見るもの」「受験者の人物を見るもの」「受験者の経験と経験から学んだことを見るもの」「公務員としての仕事に関するもの」などの特徴があった。

それ以外にも，**作文の内容からわかることがある。それは，受験者の性格や生き方だ。**学校生活や，頑張ったことなど，受験者の経験を書かせるものでは，日頃どんなことを考え，どう行動しているのかがわかる。協調性はあるか，前向きにものごとに取り組む力はあるか，粘り強さはどうか，といった受験者の性格が，読み手には伝わるものである。作文の内容からは次のようなことがわかる。

○受験者がどんなことを考えているか
○受験者はどのような行動をとる人物か
○協調性や，ものごとに取り組む姿勢，忍耐力　　　　　……など

ほかにも，**作文の構成からは，論理的に考えることができるか，**自分の意見を整理し，人に伝える能力があるか，ものごとを客観的にとらえられるか，社会人として常識や知識があるか，判断力はあるかといった，仕事をする上で必要な力を見ることができる。

○論理的に考える力
○言いたいことを伝える力
○客観性，社会人としての常識や知識，判断力　　　　……など

　さらに，字の丁寧さや，正しく言葉や漢字を使ったり，文法的に正しい文を書いたりできるか，という部分では，受験者の基本的な国語力も知ることができる。

　丁寧な字を書くメリットは，次のようなものがある。

○試験官が読みやすい
○作文の見た目がよく好印象につながりやすい

　また，常用漢字の範囲内では漢字を使うことが好ましい。簡単な漢字をひらがなで書くと，減点の対象となる可能性があるので気をつけよう。間違えて書きやすい漢字や，誤用しやすい言葉などは，p.153の表を参考に覚えておくとよいだろう。

　作文試験で使わない方がよい言葉の一つに，乱暴な言葉や流行語がある。特に，友人との間で使いがちな，くだけた言葉には注意しよう。

　たとえば，最近，若者言葉で「つらみ」という言葉がある。文末に「つらみ」とつけるのはもちろんNGだ。また，「つらみがある」と文の途中で使っても，「つらい」という意味ではなく，「うらみつらみ」（さまざまな恨み）から連想されるような，相手の仕打ちに対する耐えられない苦しみという意味でとられかねない。試験では「つらさ」としておいたほうが無難だろう。仕事における文書でも同様である。

　いずれにせよ，正しい日本語で作文を書けるように心掛けたい。

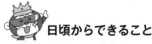 **日頃からできること**

①文を書くことに慣れる

　いきなり，「600字程度で将来の夢を述べよ」と言われて作文を書ける人は多くはないだろう。作文が書けるようになるには，何度も文を書いて慣れることが必要だ。文章を書くことに慣れていない人は，最初から過去に出題された課題で書こうとしても難しいかもしれない。

　そこで，なるべく文章を書く機会をつくるようにしよう。

　日記や動画の感想などをノートや原稿用紙に書くのもよいし，悩みやおいしかった食べ物の味を書き記すのもよい。ともかく，文章を書くことが当たり前になると，作文試験に対しても苦手意識が薄れる。

　書く内容が思いつかない場合は，自分に質問し，答える形で書いていくとよいだろう。

●**自分へ質問トレーニング**

お昼ご飯には何を食べた？
　→お弁当。卵焼きとプチトマトが入っていた。
卵焼きは好き？
　→幼稚園の頃からお弁当には入れてもらっていたから，なんとなく好きになってしまった。
卵焼きはどんな味？
　→砂糖が入っていて少し甘い。薄味だけど，ほっとする。

　短い文でも，接続詞を使ってつなげたり，いくつも文を書いたりすれば長い文章になる。

　文を書くことに慣れてきたら，最初の一文で「私は〇〇が好きだ」「私は〇〇と思う」という自分の意見を書き，次の文で「なぜなら△△だからだ」と理由を書く形式の文章を作ってみよう。理由の部分が意見の裏づけになっていないと感じた場合は，なぜそう思うのか考えて直してみよう。

　また，新聞などで読んだ社会問題について，「現在〇〇という問題がある。原因は△△だと言われている」とまとめる文を書いてみるのもよい。そのような文を書いたら，解決策を考えて「解決するには，まず，□□という対策が考えられる。具体的には〜」というように続けてみる。さらに，「この問題を解決して，◎◎な社会を目指すべきである」というようにまとめの文を考えてみよう。

　　今日のお弁当には，卵焼きが入っていました。卵焼きは私が好きなおかずの一つです。幼稚園の頃からお弁当に入れてもらっていたので，いつの間にか好きになっていました。
　　わが家の卵焼きは，砂糖が入っていて少し甘い味がします。全体的には薄味ですが，私にはほっとする味です。

（130字）

メモが文章になったよ！

文章を書くことに慣れてきたら，**学校行事のことなども思い返して文章にまとめてみよう**。

　「今までで一番努力したこと」や「仲間と協力して行ったこと」「成長したと思うこと」などの課題に答えるときに，学校行事について書く機会もあるので，まとめておくと実際の試験で役に立つ。

　ほかに，「長所」「短所」「SNSを使うときに気をつけていること」なども，**日常生活での経験から思うところがある人も多いのではないか**。それらも文章にしておくと，自分の考えがまとまって，試験のときにも何を書けばよいか迷わなくて済む。

　ボランティア活動や，部活動，生徒会活動，委員会活動など，自分が力を入れているものがあれば，どのような活動をしているか，なぜその活動をすることにしたのか，具体的な活動内容，自分はどのように行動したか，その活動について現在思っていることや今後したいと思っていることなどをまとめておく。一度，文章にまとめてしまえば，あとは内容を頭に入れるだけなので，答案用紙を目の前にしてもスラスラと書くことができる。

〈まとめておくとよいもの〉
〇学校行事の内容や感想
〇長所・短所
〇日常生活で気をつけていること
〇ボランティア活動など取り組んでいるものの内容
　→活動内容など，第三者でもわかるように，仲間どうししか通じないような言葉を使わない
　→自分がどう活動しているか，どう考えているかも書いておく

②文章を書いたら読み返す

　文章を書いたら必ず読み返すようにしよう。誤字，脱字や言葉の使い方の間違いをチェックする目的もあるが，相手に伝わる書き方になっているかどうかを確かめるためでもある。

　書いた直後は，間違いを見つけにくい。文章に思い入れがあったり，内容を完璧に覚えていたりするために，間違っている箇所でも正しい言葉を思い浮かべてしまったり，文章を理解するには書き足りない内容があっても自分の頭の中では説明がついているので理解できてしまったりするからだ。時間があれば日にちを置いて読んでみるのも，文章を客観的に読めてよい。

　また，書き殴るような文字だと，あとから読んだときに読めない。第三者でも読むことができる字を書いているかも含めてチェックするためには，できれば，これも書いて数日後に読み直すのがよい。

　家族や友人，先生に読んでもらうのも，文章の間違いや伝わりやすさをチェックするには有効だ。

〈チェック項目〉
○文字の丁寧さ
○誤字・脱字
○ことわざ・慣用句の使い方
○故事成語・四字熟語の使い方
○カタカナ語の使い方
○流行語を使っていないか
○内容が正しく伝わるように書けているか
　→誤解されるような表現をしていないか
　→複数の意味にとれる文を書いていないか
　→書き足りない内容はないか

③情報を集めておく

　試験の作文では，課題が出て，それに答える形式になっている。そのため，課題に的確に答える内容の文章が求められる。しかし，課題が社会問題である場合は，その社会問題を知らなければ答えることができない。

　次に挙げる社会問題は，出題されやすい問題なので調べておくとよいだろう。そのほかにも，新聞などで話題になっているものがあれば，切り抜いたり，日付や見出し，内容をメモしたりして，すぐに思い出せるようにしておくと，実際に出題されたときに便利である。

〈取り上げられやすい社会問題〉
○インターネット社会のメリット・デメリット
○地震や台風などの自然災害と対策など
○ワークライフバランス
○少子高齢化社会
○人口減少
○多文化共生社会
○待機児童
○SDGs
○働き方改革

　これらの問題を調べて理解するだけではなく，自分はどのように思ったか，どのように解決する方法があり，自分はどうしたいのかを，それぞれ100字程度の短文にまとめられるようにしておくと，実際の試験で使いやすく便利である。

④自分の気持ち，考えを知ろう

　たとえ，社会問題について十分な知識があったとしても，自分がその問題をどう考え，どうしたいのか考えられなければ，作文を書くのは難しい。特に，現在のようなインターネット社会で，すぐに他者の意見が眼に入る時代では，自分のものではない意見に流されがちである。

　新聞を読んだり，インターネットの記事や投稿を読んだりしたとき，まず，自分がどのように感じたか，意識してとらえるようにしよう。さらに，客観的に考えられているか，自分の感情の動き方はどのようであるかを知ろう。そうすると，自分の意見がわからないまま**他者の意見に同調するようなこと**が減る。

　作文を書くときに自分の考えがわかっていないと，最初の主張と結論がずれてしまったり，意見を裏づける理由が適切ではなくなったりすることがある。

　作文試験では，「空」「うそ」「優しさと厳しさ」「約束」など，抽象的な内容が問われることもある。この場合，自分の経験だけでなく，感じ方や思いについて述べる必要がある。

　自分の気持ちをつかんで，作文試験に活かそう。

自分はどのように考えて，
どのように感じたのかな？
それが大事！

テーマ 02 知っておきたい 文章の基本

- 原稿用紙の使い方をマスターしよう。
- 正しい文章を書くための基本を押さえよう。
- 文章の組み立て方を身につけよう。

---

1 原稿用紙の使い方

　原稿用紙を使って実際に作文を書くときには，次のような部分に気をつけよう。

〈原稿用紙を使うときのルール〉

①（タイトルを書く必要があるとき）タイトルは上から2，3マス空けて書く。

②名前は姓と名の間と名前の後に一マス空ける。

③段落のはじめは改行し，一マス空ける。

④文末の「，」「。」は最後のマスに他の文字と一緒に入れる。

⑤セリフは改行し，はじめのカギ括弧（「）は一マス使って書く。

⑥終わりのカギ括弧（」）と「。」は一マスに収めて書く。

⑦「12」など2ケタの数字は一マスに2文字書く。

　→縦書きのとき，「1000」などは，「千」「一〇〇〇」などと書く。

　→横書きのとき，「1000」は二マス使って書く。

⑧「！」「？」の後は一マスあける。

⑨「──」「……」は二マス使う。

⑩訂正するときは二重線で消して，脇に書き入れる。

⑪加筆するときは ⌒ を使って行間の余白に書く。

134

〇〇〇私の目指すこと

　　　　　　　　　　　　　　　　　香坂〇あゆみ〇

〇私は，人の気持ちに寄り添うことができ，さらに，自分も大切にすることができる大人を目指そうと思います。

〇仕事や生活で他者と関わるとき，相手の気持ちを知ろうとしないと，どんなことを必要としているのか，自分に何をしてほしいのかわかりません。それでは，互いに不満を抱えがちですし，問題も解決しません。

　しかし，相手の気持ちを知るだけではよい方向に進まないでしょう。中学時代の先生の言葉で印象に残っているものがあります。

〇「自分を大切にできないと他人も大切にできないよ。」

　自分を大切にする気持ちがないと能力を十分に発揮できないという意味で，私もそのとおりだと思いました。

　私はこれらのことを目標に，仕事の中で自分をいかせるように日々考え，成長していきたいと考えています。

試験は横書きが多いので慣れておこう！

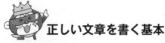 **正しい文章を書く基本**

①主題を決める

　文章を書くときに，最初に決めるのが主題，メインテーマだ。主題とは，課題の答えとして，中心的に書く内容のことである。

　たとえば，「あなたの目指すもの」について書け，という課題が出た場合は，自分が目指すべきもの(公務員になって地域をよりよくすること，人の気持ちがわかる大人になる，といった具体的な人物像など)が主題となる。

〈主題，メインテーマを決めるときのポイント〉
○課題の答えになっていること
「○○についてどう思うか」などの場合
　　　　　　　→「私は○○について△△と思う」など
「あなたの目指すもの」などの場合
　　　　　　　→「私の目指すものは○○です」など
○具体例を挙げて説明ができるものであること

　試験会場で与えられた課題で作文を書く際，主題を頭の中で決めても，文章を書いているうちに内容がずれていってしまうことがある。

　そのため，思いついたら問題用紙などにメモしておくのがよいだろう。メモしたときに，課題の問いの答えになっているかどうか，具体例を挙げて説明ができるかについても確認しておくようにする。

　また，作文の書き出しのところで，「私の目指すものは○○です」というように，主題を書いてしまうと，読み手にとってこれから何が語られるのか伝わりやすくなる。

　主題が決まったら，どのように説明できるか考えよう。

　「○○についてどう思うか」などの場合で，「私は○○について△△と思う」と述べた場合，どうして「△△と思う」のか，説明がなければ，

ただの思いつきや感情を書いたものになってしまう。

そこで、「△△と思うのは、□□だからだ」と述べなければならない。

高齢化社会のように社会全体の問題について問われた場合などでは、「△△と思う」理由が複数挙げられる場合がある。そのときは、「第一に～」「第二に～」などと分けて書く。

また、課題によっては、「休日にしていること」や「学校生活について」など、答えの範囲が広いものがある。これらは、受験者の人物を見ることが目的の課題だ。主題は1つに絞って、まとまりのよい文章を書くようにするのがよい。

たとえば、休日には読書もしているし、ゲームや動画を見る時間もあるかもしれない。しかし、それらを並べて書いているうちに、本来の目的である、受験者の人物がわかるようなエピソードを書くスペースがなくなるかもしれない。

したがって、一番理由が述べやすい、あるいは印象に残っている1つの事柄を取り上げて書くと、文章のまとまりがよくなり、相手にも言いたいことが伝わりやすくなる。主題を1つに絞って伝わりやすい文章を目指そう。

〈答えの範囲の広い課題の主題〉
○一番書きやすい事柄1つに絞る
　→例）私が休日にしていることは読書です。読書は私の世界を広げてくれるからです。なぜなら……

②具体的に書く

主題を支えるのが、実際に体験した出来事や、新聞などで得た知識などによる具体的な言葉だ。読み手がはっきりと思い浮かべることができるような内容であればあるほど説得力が増す。

137

たとえば,「社会人として信頼されるために必要なことは何か」について書く場合,実際に自分が信頼する大人などの言動であれば,具体的なものであるといえる。

　とはいえ,具体的なエピソードはとっさに思い出せないこともある。試験で思い出しやすいように,あらかじめメモしておいたり,メモをもとに250字程度にまとめられるようにしておいたりすると便利だ。

　次のものがよく出題されるので,主題とエピソードのセットを作っておくとよい。

〈よく出題されるテーマ〉
・目標とする社会人像
・自分が努力したり工夫したりしたこと
・学校生活で得たこと
・この自治体の魅力　　　　　　　　　　　　　　　　　　　　　など

　その際,300〜400字程度で盛り込める内容はどれかを見極めるようにしよう。実際にエピソードの説明を書いてみるのが有効だ。思い浮かべたときには短い文章で説明できると思っていたことでも,登場人物が多かったり,自分の心の動きが複雑だったりして,説明すると長くなるエピソードもあるからだ。

　特に,学校行事にまつわる話題は,いきさつによっては考えているよりも長くなりがちなので気をつけよう。長くなりすぎる場合は,ほかのエピソードを探すか,主題と関係のない部分はばっさりカットしよう。ただし,説明不足にならない範囲に収めることが重要だ。

　また,取り上げ方についてはさまざまな主題に対応できるエピソードもある。学校祭でクラスの仲間と力を合わせて成し遂げたことなどは,努力や工夫を取り上げるか,友情などを取り上げるかで複数の主題に対応することが可能である。

テーマ02：知っておきたい文章の基本

具体例のメモ

理想とする社会人像

主題

○私は「　　　　　　　　　　　　　　　」な社会人になりたい。

具体例

○誰が→（　　　　　　　　　　　　　　　　　　　　）

　どうしたことが

　　　→（　　　　　　　　　　　　　　　　　　　　）

　私にどのように影響を与えたか

　　　→（　　　　　　　　　　　　　　　　　　　　）

学校生活で得たこと

主題

○私は「　　　　　　　　　　　　　　　」を得た。

具体例

○どんな出来事（行事名など）→（　　　　　　　　　）

　私は何をしたか→

　１努力（　　　　　　　　　　　　　　　　　　　　）

　　工夫（　　　　　　　　　　　　　　　　　　　　）

　２クラスメートとの間であったこと

　（　　　　　　　　　　　　　　　　　　　　　　　）

　どのような結果，気持ちか→

　１に対して（　　　　　　　　　　　　　　　　　　）

　２に対して（　　　　　　　　　　　　　　　　　　）

とにかく「具体的に」
書くこと！

主題と具体例を考えることができたら，作文の構成を考えることができる。序論，本論，結論と書いていって，読み直して確認し，できあがりだ。

　このように，作文を書く前に，書く内容をじっくり考えると，途中で書けなくなったり，支離滅裂になったりするのを避けられる。じっくりといっても，書く時間が短くなり過ぎてはいけない。

　何度も作文を書いて慣れ，20分程度で主題と具体例を考えられるようにしよう。

③わかりやすい文章を書く

　難しい漢字や言葉を使った文章を，格好いい文章だと思う人もいるかもしれない。実際に，文豪などの文章で，辞書を引きながら読まないと理解できないものもある。

　しかし，作文試験では，そのような文は求められていないといっていいだろう。たくさんの作文を読まなければならない試験官にとって，**わかりやすい文章で書いてあることが**，もっとも読み取りやすいと考えられる。

　まずは，次の3点に気をつけよう。

1．流行語や省略した言葉，専門用語を使っていないか
2．ありきたりな言い回しに頼っていないか
3．慣用句，ことわざ，故事成語，四字熟語の使い方は適切か

　1.の流行語や省略した言葉，専門用語などは，仲間内では通じるかもしれないが，学生ではなかったり，用語が使われる専門分野を知らなかったりすると，意味がわからない可能性がある。**流行語や省略語はもちろん使わないほうがよいし，専門用語も必要最低限とし，専門ではない人にも伝わる書き方**（たとえば，○○という専門用語なら「○○とは

△△であることを言いますが」と説明するなど)をしよう。

　2.のありきたりな言い回しとは，「雲一つない晴天に恵まれ」などの，よく使われる言葉である。状況と合っていないと大げさな印象を与え，その部分が文章の中で浮いてしまう。「当日は天気もよく」などの言い方でも伝わるので，「抜けるような青空」とか「首を長くして待つ」といった表現を使いたくなったら，ほかの表現がないか考えてみるようにしよう。

　3.の慣用句やことわざ，故事成語，四字熟語などは，内容にぴったり当てはまると説得力が増すが，意味がずれていたり，使い方が間違っていたりすると，文章全体の印象が悪くなる可能性がある。作文では，内容にぴったり当てはまる状態で，正しい意味で使うようにしよう。

　p.153〜に間違えやすい言葉などの例を挙げておくので，チェックしておこう。

④一文は短く書く

　1つの文がだらだらと長いと，内容がわかりづらくなるし，読むほうもストレスがたまりやすい。かといって，短かすぎる文が連ねられているのもくどい印象を与える場合がある。

　一般的に，読みやすいといわれる一文の文字数は，30〜40字であるとされる。できるだけその長さで1つの文をまとめられるように練習しよう。文が短いと，「そして」などの接続詞を多用しがちになる。なくても文のつながりがわかる場合は，使わないようにしよう。

〈一文を30〜40字でまとめるコツは
　　　　　「1つの文で1つのことをいう」こと〉

○　私は，合唱曲の歌詞が書かれた紙を持って，伴奏の田中さんのそば
　に行きました。（37字）
　　田中さんは，先ほど間違えたところを何度も繰り返して弾いていま
　した。（33字）

✕　私が合唱曲の歌詞が書かれた紙を持って伴奏の田中さんのところに
　行くと，田中さんはさっき間違えたところを何度も繰り返して弾いて
　いました。（66字）

⑤曖昧な表現を具体的な表現にする

　「大きな旗」と言われたとき，どのくらいの大きさかわかるだろうか？
曖昧な表現は，読み手が状況を思い浮かべにくく，内容も伝わりにくく
なる。「1メートルくらいの幅の旗」など，より具体的に書こう。

　ただし，主題と関係のない部分は細かいところまで書き込む必要はな
い。かえって，文が長くなりすぎる可能性があるからだ。

　場所などについても，「○○高原に出かけたとき」など，具体的に書
くようにするとよい。

　大きい，小さい，といった表現は，「一抱えもある」，「手のひらにの
るくらい」などの表現で具体的な大きさを示すことができる。

　色については，正式な色の名前であっても，あまり耳慣れない色名を
使うより，「濃い青」などの表現のほうが，伝わりやすい可能性がある
ので注意する。

⑥視点のブレに注意する

作文の場合，「私」と一人称で書くことが多い。したがって，「私」の見たことや考えたことを中心にして書く。

読み手は「私」の気持ちになって読んでいることが多いため，視点が統一されていないと違和感を覚えやすい。

たとえば，「遠足の日は晴れだった。私は嬉しくて早起きをした。母は早起きが苦手で弁当作りを面倒に思っていた」という文章では，最後の一文が母の視点で書かれている。

このような場合は，最後の一文を「早起きが苦手な母は，弁当作りを面倒に思っているように見えた」など，私から見て感じ取れたことを中心にした文にすると，すっきりする。

また，視点のブレがあると，自分の見聞きしたことや考えていることと，他者の言動，新聞記事に書かれていたことなどが見分けにくく，内容が伝わりにくい文章になってしまうので気をつけよう。

⑦ネガティブな言葉よりポジティブな言葉を使おう

正しい文章を書く基本として，これまで述べたこと以外に大切なことは，前向きな言葉を使ったほうがよいということだ。

正確に書こうとするあまり，「○○は嫌いです」「△△はできません」など，ネガティブな言葉を使ってしまうことがある。ネガティブな言葉は，強い印象があり「決して○○をしない」というようなかたくなな性格だと思われがちだ。

できるだけ，ポジティブな言葉で表現できる内容を取り上げて書こう。もし，ネガティブな内容になりそうなときは，「○○は得意ではありません」など，婉曲な表現を使うようにすると印象を和らげられる。

また，「私の考えることはつまらないことばかりですが」など，謙遜するつもりで自分を卑下する表現も印象を悪くするので気をつけよう。

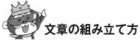

文章の組み立て方

作文を書くときは，主題と具体的な話が思いついたら，構成を考えるようにしよう。構成を考えて，それぞれの部分で書く内容を決めておけば，余計なことを書いて肝心なことを書く字数が足りなくなったり，書いている途中で思いついた内容に振り回されて何を書いているのかわからなくなったりすることを避けられる。

作文の構成は，序論・本論・結論の３つからなる構成にすると書きやすい。

〈作文の構成〉

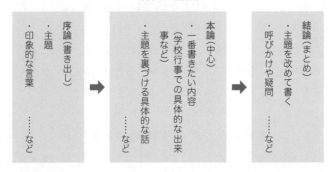

序論（書き出し）
・主題
・印象的な言葉

……など

本論（中心）
・一番書きたい内容
（学校行事での具体的な出来事など）
・主題を裏づける具体的な話

……など

結論（まとめ）
・主題を改めて書く
・呼びかけや疑問

……など

①序　論

序論は，作文の書き出しの部分である。これから述べようとしている主題や，読み手を引きつける印象的な言葉などが書かれることが多い。

序論の書き方のパターンとして次のものがある。

書き出しでつまずかないようにしよう！

〈序論のパターン〉

○課題に書かれていることと，その答えを書く。

　➡「私にとって理想の大人とは○○です」など

○格言や名言，ことわざなどを使う。

○主題に関わる会話を「　」で書く。

○問いかけの形。「～は～なのだろうか」

○読み手の興味を引くような珍しい話

　注意 課題の内容から外れないようにする。

○課題に合ったデータや新聞記事の内容などを書く。

●視点のブレに注意

　視点がブレて内容がつながらなかったり，課題から外れたことを書くと減点の対象になる。

　たとえば序論で書き出しを思いつかなかったり，作文を書くことに不安があったりする場合には，最初の「課題に書かれていることと，その答えを書く」がおすすめだ。インパクトには欠けるが，課題から外れた内容を書かずに済むからである。ただし，結論でも同じ内容を書かなければならない場合もあるので，同じ表現で書かないように気をつけよう。

　格言や名言，ことわざなどを使う場合には，自分で意味を正しく覚えていて，しかも課題と関係のあるものを使うようにする。おもしろいことを書こうとして格言を用いたものの，最後まで作文を書いてみたら序論の部分が内容的に他の部分とつながっていなかった，という事態が起こりかねないからだ。同じことは，会話，珍しい話を用いる場合でもいえる。

　問いかけでは，自問自答する形や，他者に「どう思いますか？」というように問いかけるものもある。いずれにしても，問いに対する答えを書く部分の分量が必要になるので意識しておこう。

②本　論

　序論で課題に対する答えを書いた場合は，その**裏づけとなる内容**（具体的な出来事や明確なデータ）などを書く部分である。

　また，序論でことわざや会話，珍しい話，データ，問いかけなどを書いた場合は，書き手がもっとも書きたいことを述べる部分となる。この場合，序論の内容を受けつつ，主題を書く必要がある。

●序論で課題に対する答えを書いた場合

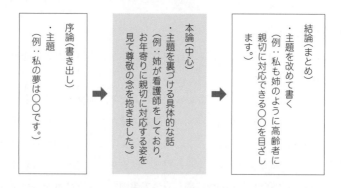

序論（書き出し）
・主題
（例：私の夢は○○です。）

本論（中心）
・主題を裏づける具体的な話
（例：姉が看護師をしており，お年寄りに親切に対応する姿を見て尊敬の念を抱きました。）

結論（まとめ）
・主題を改めて書く
（例：私も姉のように高齢者に親切に対応できる○○を目ざします。）

　序論で課題に対する答えを書いた場合，このように**序論の内容を裏づける形**で本論を書いていく。文字数の関係などでエピソードの字数を増やす場合には，序論の内容と関係のあることを書いているか確認するようにしよう。

　また，本論の部分が長くなりすぎるときは，**二段落に分けて書く**とよい。具体的な話が２つある場合も，２つの段落に分けて書いたほうが，読み手が混乱せずに済む。

●序論でことわざなどを使った場合

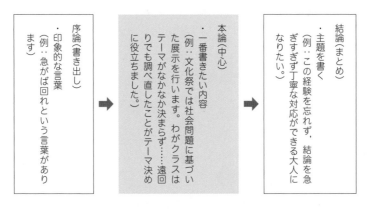

序論（書き出し）
・印象的な言葉
（例 :: 急がば回れという言葉があります）

本論（中心）
・一番書きたい内容
（例 :: 文化祭では社会問題に基づいた展示を行います。わがクラスはテーマがなかなか決まらず……遠回りでも調べ直したことがテーマ決めに役立ちました。）

結論（まとめ）
・主題を書く
（例 :: この経験を忘れず、結論を急ぎすぎず丁寧な対応ができる大人になりたい。）

　序論でことわざなどを使った場合は，このように序論で書いた言葉や会話などを活かす形で本論を述べる。本論では，具体的な出来事を書くようにして，結論で述べる内容が本論の内容から導き出せるようにする。

　本論で述べる内容は，**実際に起こった出来事を書く**ことが多いと考えられる。しかし，起こったことすべてを書くと字数が足りなくなってしまう。そのため，主題と関係のない部分は削る必要がある。書き始める前に，出来事のうちどの内容を書けばよいのか，**余白などにメモしておく**とよいだろう。書く順番が明確になるように，①，②，③などと番号をつけて箇条書きにするのもわかりやすい。

　解答用紙の余白など，提出しなければならないものにメモを書く場合は，あとで消しておくようにする。

　作文の中で，もっとも字数が多い本論の部分は**文章に説得力を持たせるために重要な部分**であり，論理的に結論を導き出さなければならない。慣れないうちは，序論・本論・結論の形で書いた作文を，信頼できる他者に読んでもらうとよいだろう。そのとき，相手が本論から結論の内容を導き出せるか，本論を読んで，結論の内容に納得できるか確認するよ

うにしよう。

　自分で確認するときは，次の例のように考えて作文の内容をチェックする方法がある。

○言いたいこと
「結論を急ぎすぎず，丁寧な対応ができる大人になりたい。」

　　　　本論に述べる内容から
　　　　導けるか考える。

○本論で述べる内容
①文化祭では社会問題に基づいた展示を行うが，テーマがなかなか決まらなかった。
　→本論の導入部分

②困った自分たちは，どのような社会問題があるか新聞で調べ，クラスでアンケートをとるなどして知識と理解を深めた。
　→結論を急がず，調査している。
　　③の結果のきっかけの部分

③深く理解することで，他のクラスでは扱わないが，今後の地球環境を考えれば重要な事柄をテーマにすることができた。
　→②の結論を急がず調査（＝丁寧な対応）をし，よい結果を得る

①～③から，結論を急がず丁寧な対応をすることがよい結果を生むという書き手の考えが導き出せる。

③結　論

　結論は，序論，本論で述べてきたことをまとめる部分である。

　課題に答える内容について，「私は○○と思います」という形で書くことが多い。ほかにも，社会問題について問われた場合などは，「この問題は，地域の住民が○○について考える機会を持つことで，解決に近づくのではないか」など，断定できないものの，**自分の意見を述べる形でしめくくる方法**が考えられる。

〈結論のポイント〉
「私は○○と思います」「○○を目指します」というように，自分の意見をはっきりと書く。

　また，社会問題について問われた場合のように，「〜ではないか」と**自分の意見を述べつつ，問いかけで終わる形**もある。

　そのほか，問いかけの形の文を書き，「私は公務員として，この問題に向き合っていきたい」など意欲を述べる形で終わる方法もある。意欲を述べる文は，一文だけでよい。あまり長く書きすぎるとくどくなり，かえって印象を悪くする可能性がある。

　序論，本論，結論という形を覚えて，課題についての自分の意見を論理的に述べられるようにしよう。

　また，書き上がった作文は，**誤字脱字，視点のブレ，敬体**（です・ます）と**常体**（だ・である）が混じっていないか，などチェックするようにしよう。たとえば，「私の夢は人の役に立つ大人になることです。」と敬体で作文を書き始めたら，終わりまで同じ文体で書く。

　途中で「ボランティアで人の役に立つすばらしさを知ったからだ」というように，常体を混ぜてはならない。

　ただし，人の言葉を引用したものや，セリフは別である。

〈文体のチェック〉
○最初から終わりまで,
　　敬体(です・ます)　・　常体(だ・である)
　のどちらかでそろえて書かれているか。

④作文のチェックポイント

　作文を書き上げて読み返すとき,気をつけたいポイントがいくつかある。たとえば,視点のブレや文体の統一,ある言葉に漢字を使うかどうか(「こと」と「事」,「さま」と「様」など),文法,敬語の用法,間違えやすい言葉などである。

　視点のブレは,p.145で説明したとおりである。

　漢字の使い方については,「という」と「と言う」や,「こと」と「事」など,1つの作文に漢字で書いてあるものとひらがなで書いてあるものが混じらないようにする。

　また,数字も「十」と書くのか「10」と書くのかなど,1つの表記に統一するようにする。

文　法

①主語と述語

主語と述語の対応が正しいかどうかを確認する。

たとえば，次のような文の場合を考えよう。

> 　弟が借りてきた分厚い図鑑は，私もかつて借りてきたことがあるもので，二人で楽しんで読んだことは，弟は覚えていないだろうがよい思い出になっている。

この文の主語は，「図鑑」である。ところが，述語は「思い出になっている」であり，主語と述語が対応していない。このような文のねじれは，長い文で起こりやすい。

上記の文は，次のように２つの文に分けると意味が通りやすくなる。

> 　弟が借りてきた分厚い図鑑は，私もかつて借りてきたことのあるものだった。弟は覚えていないようだが，二人で楽しんで読んだことが，私にはよい思い出になっている。

主語と述語を正しく対応させるためにも，やはり作文では一文を30〜40字くらいまでの長さで書くほうがよいだろう。

②副詞の呼応

副詞の中には，あとにくる言葉が決まっているものがある。

「まるで」という副詞の場合，「ようだ」「みたいだ」といった，たとえの言い方があとにくるという決まりがある。

〈副詞の呼応の例〉
○たとえの言葉が後にくるもの
　まるで(〜のようだ)……など
○打ち消しの言葉が後にくるもの
　決して(〜ない)・少しも(〜ない)……など
○推量の言葉が後にくるもの
　きっと(〜だろう)・おそらく(〜だろう)……など
○仮定の言葉が後にくるもの
　もし(〜なら)・いくら(〜ても)……など
○願望の言葉が後にくるもの
　どうか(〜ほしい)・ぜひ(〜たい)……など
○打ち消し推量の言葉が後にくるもの
　まさか(〜ではないだろう)……など

これらを覚えて，正しく使えるようにしよう。

③接続詞

「だから」「しかし」といった接続詞は，使い方が決まっている。間
違って使うと，読み手に誤解を与えがちなので，正しく使おう。

接続詞には次のような使い方がある。

〈接続詞の使い方の例〉
○前に述べられた内容を受けているもの
　だから・そこで・ゆえに　……など
○前の内容と反対の内容を述べるもの
　しかし・だが・ところが　……など
○ないようを付け足したり，並べたりするもの
　また・しかも・そのうえ　……など
○前後のものを比べたり，選んだりするもの
　または・あるいは　……など

〇前の内容について説明したり，理由を述べたりするもの

　なぜなら・たとえば・つまり　……など

〇話題の転換をするもの

　さて・では・ところで・次に　……など

これらを覚えて，正しく言葉や文，段落をつなごう。

④敬　語

敬語は尊敬語と謙譲語を正しく使い分けられるようにしておく。

面接試験などの場合のほうが，敬語を使う機会は多い。しかし，作文でも目上の人の発言や行動について述べる場合には，敬語が必要である。

〈よく使われる敬語〉

	尊敬語	謙譲語
言う・話す	おっしゃる	申す・申し上げる
見る	ご覧になる	拝見する
食べる・飲む	召し上がる	いただく
行く・来る	いらっしゃる	参る・うかがう
いる	いらっしゃる	おる

⑤間違えやすい漢字

「専門」を「専問」と書いてしまったり，「価値観」を「価値感」としたり，「礻(しめすへん)」を「衤(ころもへん)」にしたりと，単純な書き間違いもチェックできるようにしよう。

特に，「講」「構」「購」，「副」「福」「幅」，「職」「織」「識」など，形の似ている漢字は書き間違いが多いので気をつける。

作文の練習で文章を書いたときは，文中の漢字が正しく書かれている

かどうかも確認しよう。練習のときに覚え間違いを見つけて正しく覚え直せば，本番で安心して漢字を使えるはずだ。漢字は何度も書けば正しく覚えられる。日頃から，漢字ドリルなどで勉強しておければベストだが，日常生活で目にするテレビ，新聞，看板などに出てくる漢字も意識してチェックしておくとよい。

　また，同音異義語・同訓異義語の中には，まぎらわしいものもある。次に例を挙げるのでしっかり覚えておこう。

〈間違えやすい同音異義語〉
○**意志**（なにかをしようとする考え　例：意志が強い）
　意思（気持ち　例：意思表示をする）
○**異議**（ことなる考え）
　意義（意味）
○**開放**（開け放す・出入りが自由である）
　解放（解き放す）
○**保障**（地位などを守って保つ　例：社会保障）
　保証（確かであると責任を持つ　例：品質保証）
　補償（損害をつぐなう　例：災害補償）
○**追求**（得るためにどこまでも追い求める　例：幸福の追求）
　追及（責任のありかなどを追いつめる　例：責任の追及）
　追究（学問などでどこまでも調べて明らかにする　例：真理の追究）

〈間違えやすい同訓異義語〉
○**初め**（ものごとの早い時期）
　始め（ものごとが起こったとき）
○**勤める**（勤務する）
　努める（力を尽くして行う）
　務める（役目を行う）
○**収める・納める**（しまう）
　納める（お金を受け取るべきものに納入する）
　収める（成功などを手にする）

治める（国などを安定させる）
修める（技能・学問などを身につける）
〇表す（表現する）
現す（姿などを見せる）
著す（書物などを書く）

意味を間違えて使いがちな言葉もあるので気をつけよう。次は一例である。

〈意味を間違えやすい言葉〉
〇さわり（もっとも盛り上がる部分）
〇情けは人のためならず（人に親切にすると自分にもよいことがある）
〇枯れ木も山のにぎわい（つまらないものでもないよりはいい）
〇他山の石（他者の悪い出来事を自分の行動を見返すのに役立てる）
〇琴線に触れる（感動する）
〇逆鱗に触れる（怒らせる）
〇敷居が高い（不義理などをしたことがあり，行きにくい）

2 自己PRの表現方法

 自分の内面を文章で表す

　自分の内面を文章で表すためには，自分の短所や長所などをよく知っている必要がある。p.121でも紹介したように，自分の長所，短所，どのようなことができるかなどをメモにまとめておこう。

　また，p.123でメモをした，「**自分の成長につながった出来事**」や「**もっとも充実感を覚えた出来事**」も，自分の内面を表すのに役立つので，確認しておこう。

　長所はもちろん，**自分の得意なことも知っておくことが大切**だ。得意なことは仕事でも役立つ可能性がある。頭の中で思い浮かべるだけでは，うまく説明できないので，メモをとり，それをもとに150～200字程度の文章にしておこう。具体的にどのような場面で，どのようにその能力を発揮したかも説明できることが好ましい。

　ところで，自分の長所や得意なことは，自分でわかっていると思いがちである。しかし，他の人からみると，別の長所や得意なことがあるかもしれない。機会があれば，**信頼できる他者に自分の長所や得意なことを尋ねてみよう**。また，自分の幼い頃からの行動や人にほめられたこと，人よりよくできたことなどを思い返してみよう。

　自分で客観的に得意なことを見つけ出すには，試験の成績や，委員会活動などで自分が役立ったこと，部活動を選んだ理由や習い事について振り返ってみよう。自分では当たり前だと思っていたことが，人から見たら当たり前なことではなく，得意なことであったり長所であったりすることも多い。

　長所や得意なことは，1つだけだと作文を書く際に毎回同じ内容になりがちである。いくつも知っておけば，さまざまなパターンの文章が書

けるので，対応できる課題の幅が広がる。

　自分の長所や得意なことをきちんと知ることで，公務員を目指すようになった理由もわかるかもしれない。そのときは，その**理由もメモして**すぐに答えられるようにしよう。

> ○**自分の得意なこと**（自分ですでにわかっている得意なこと）
>
>
>
>
>
>

> ○**自分の得意なこと**
> 　（幼い頃を思い返したり，他者に聞いたりしてわかったこと）
>
>
>
>
>
>
>

　長所や得意なことを探す際は，「このくらいなら他の人もできる」ということでも取り上げる。

　誰にもできないことができる人は少ない。逆にいえば，他の人にできることであっても，自分が比較的得意なことであれば，長所や得意なこ

ととして挙げてよいということである。中でも，**誠実である，丁寧である，慎重である，まじめである，公平を重んじる**といった長所などは，公務員としては欠かせないものである。自分の長所として自己PRに使っていきたい。

独創性を表現する

　自分の長所や得意なことを自己PRに活用するためには，エピソードが欠かせない。エピソードとは，長所や得意なことを裏づける具体的な出来事のことである。

　例を挙げてみよう。

長所
「慎重な性格」

エピソード：
　野外学習で山を散策中に道に迷った際，「こちらのような気がする」という仲間を止め，地図を確認し，これまでたどってきた道が実際はどの道で・あったのか調べることで，現在地を特定し，元の道に戻ることができた，というものである。

　この例からもわかるように，長所は「慎重」という誰でも知っていて，だいたいどのような長所か大まかに想像できる言葉で表現される。

　一方で，エピソードは，いつ，どこで，誰が，何を，どうした，というように具体的な内容が入った，1つの物語のようなものであることがわかる。

　「私の長所は慎重なことです」「私は慎重な性格です」と述べて，読み手に大まかなイメージを抱かせ，エピソードで具体的な話をする，という組み合わせが，自己PRに欠かせない。

　自己PRでは，このエピソードの部分で独創性が出る。エピソードは，

実際に体験したことであり，まったく同じ体験をした人はいない。

これまでの体験の中から，長所や得意なことを裏づけるエピソードを書き出してみよう。

エピソードは，普段の生活，学校生活，部活動や委員会活動，ボランティアや習い事，そのほか学校外での活動など，日常のさまざまな出来事の中から探すことができる。

エピソードを書くときは，５W１Hをはっきりさせておこう。その中で，自分の長所や得意なことの裏づけになる部分を具体的に書けるようにしよう。

〈５W１Hとは〉
・When　………………　いつ
・Where　………………　どこで
・Who　………………　だれが
・What　………………　なにを
・Why　………………　なぜ
・How　………………　どのように

エピソードをスムーズに作文に活かせるようにするために，次のようなメモにまとめておくとよい。

〇エピソード
・どのような長所，得意なことにつながるか

・どのようなエピソードか
　いつ

どこで

どんな人がいた

何をしようとしていた

どのようなことがあった

自分はどうした（長所・得意なことにつながる行動）

どのような結果になった

自分はどう思った

　このくらい具体的にエピソードを思い浮かべることができれば，文章にするときにスムーズに書きやすい。

　ただし，エピソードをおもしろくしようとするあまり，実際に体験し

ていないことを書くのはやめよう。なぜなら，作文の印象がよくなったとしても，その後に面接があった場合などに，うそがばれる可能性があるからだ。

また，就職してからも，試験官と話をする機会があったときに，作文試験の答案と矛盾することを言ってしまいかねない。そうすると，逆に印象が悪くなってしまう。

自分という人物は一人なので，実際にあったエピソードをきちんと書くだけで，十分独創的である。人の真似をしたり，大げさに書いたりするほうが，ありきたりの内容になりがちである。

実際に経験した出来事を効果的に述べるためには，自分の長所や得意なことがもっとも活かされている部分を的確に，伝わりやすく書く必要がある。

自己PR文に書くべきことや，読み手に伝わりやすい作文に必要なことを振り返っておこう。

〈文章の基本──まとめ〉
○一文30〜40字の比較的短い文で書く
○長所や得意なことは，まず，大まかな内容を述べて，だいたいのイメージを読み手に持ってもらう
○エピソードは実際にあったことから，長所や得意なことが活かされた部分を明確にして書く
○エピソードは5W1Hをはっきりさせて書く
○よけいな謙遜をしない（「私はつまらない人間だが」などとは書かない）

自分のよいところをよく知って，自己PRに活かそう。

あとは，何度も作文を書いてみて，読み返したり，人に読んでもらったりして，よりよい文章が書けるように練習するだけだ。

実際に出題された課題をもとに，自分なりの模範解答を作ってみよう。

作文の例題と書き方のコツ

- 課題に対応する作文例を読んでみよう。
- 自分で作文を書くとき、どのような点に注意したらよいか確認しよう。
- 間違えやすい言葉などを確認しよう。

1 自分の考えか経験を活かした文章を書く

例題1 「あなたの長所」

➡ 定番テーマ「自分のこと」を押さえよう！

　私の長所は，急な問題が起こっても焦らないことです。

　高校二年生のとき，私は文化祭委員として，三年生の先輩の舞台練習のスケジュールを管理することになりました。ある放課後，体育館の舞台で三年二組と三組の先輩方が言い争いをしていると連絡がありました。スケジュール表を見ると，二組の先輩方が練習をする時間です。体育館で三組の先輩の話を聞くと，一週間間違えてクラスメートを集めてしまったので練習時間を入れ替えてほしい，ということでした。二組の先輩方もすでに演技をする人や照明，音響の人を集めており，譲りたくないという考えです。すでに二十分，練習開始時間が遅れており，この後練習することになっている一組の先輩に影響が出る可能性がありました。

10　文化祭委員長に相談すると，以前同じことがあり，美術室に片方を移動させたことがあったと教えてくださいました。そこで，二組の先輩に練習を始めてもらい，三組の先輩には美術室が空いているか確認をすると伝えました。美術部の人たちに協力してもらって，三組の先輩たちの練習場所を確保し，一組の先輩たちに練習開始時間が二十分遅れるとお詫びに行きました。体育館に戻ると，文化祭委員長が「落ち着いて対応できたね。そういうことをあなたに期待していたんだよ」とおっしゃいました。私も期

待に応えられたとわかり，嬉しくなりました。

　これからも，長所を活かしてより多くの人が満足できるような行動をしたいです。
(601字)

20—

　課題は，受験者の人物を見たり，経験したことから学んだことをみる内容のものである。

　このような課題の場合，

> 1．長所は何か
> 2．長所を裏づける具体的なエピソードは何か

を押さえて書くとわかりやすい作文になる。

　また，受験者が体験した話などを書くとき，長くなる場合は二段落に分けるとよい。

　ここでは，状況説明をしている部分（第二段落）と，受験者の対応を述べている部分（第三段落）に分けられている。

　結論では，「長所を活かしてより多くの人が満足できるような行動をしたい」と述べているが，公務員試験の作文なので，「この長所を公務員として仕事をする上で活かしていきたい」としてもよい。

　公務員試験では600字程度の作文試験が多いが，1000字程度の作文を求められることもある。

　その場合は，受験者の体験した話の部分を長くするのではなく，結論で公務員として働くときの意欲をみせるなどすると，よりバランスのよい作文になる。

自分のことを見つめ直して
まとめておこう！

163

例題2 「社会人として信頼されるためにすべきことは何か」

➡ 定番テーマ「自分の考え」を押さえよう！

　社会人として信頼されるためにすべきことは，相手についてよく知り，最善を尽くすことだと考える。

　そのために，まずは相手の話をよく聞くことが大切だと思う。なぜなら，相手が問題を抱えているとき，状況を理解できなければ対応もできないからである。相手が冷静ではない状態のときでも，冷静になるのを待ったり，話の内容を整理しながら聞いたりすれば，言いたいことや，現在抱えている問題がわかる可能性がある。

　私にはまだ六歳の姪がいる。言葉で状況を説明できるようになってきた四歳くらいから，私とはよく話をするようになった。彼女は幼稚園や小学校でくやしいことやつらいことがあると，泣きながら訴えてくる。そんなときはまず，言うことを聞いて，聞き取れないときは尋ねて，理解しようと努める。話しているうちに興奮してしまうこともあるが，私が真剣に話を聞いているとわかると，落ち着いて詳しく話してくれるようになることも多い。そこから，解決の糸口を見つけられる。こういうことを繰り返しているうちに，姪は私のことを信頼できる相談相手と認めてくれたようだ。現在では，困ったときには頼ってくれるようになっている。

　大人と話をするときも同じであると私は考える。誰しも冷静さを失うことはある。問題を抱えて慌てていれば当然だ。話をしようとしても，内容を整理して話すのが難しいときもあるだろう。しかし，粘り強く話を聞くうちに，どのような問題があるか把握することができると思う。そして，問題をどのように解決できるか考えれば，自分がどう行動するのがよいかわかるはずである。このとき，面倒なことであっても，必要なことであったらいやがらずに行い，最善を尽くすことが信頼されるきっかけになる。社会人として仕事をするときも，同じような行動が望ましい。

　相手の言い分を受け止め，自分のできる仕事は何か考え，また，自分が

できなければ誰がその仕事をできるのか判断し，行動することを積み重ねていけば，信頼される社会人になれるのである。　　　　　　　　　（829字）

　課題は，社会人としての立場がわかっているか，覚悟ができているかなどをみる内容のものである。ここ数年で，複数の試験で出題されたことがある課題だ。

　このような課題の場合，

> 1．課題に答えているか
> 2．答えた内容に説得力を持たせる説明ができているか
> 3．上記2点について，社会人の常識に照らし合わせたとき，著しく逸脱したものではないか

に気をつけて書くとよい。

　3. については，「社会人について」や「働くということは」などの課題で作文を書き，信頼できる大人に読んでもらい，確認するとよいだろう。

　また，このような課題の場合は，指示されたことを確実にやり遂げる，という姿勢を示すよりも，**自分で問題の解決方法を考えて提案する**という問題解決に対して積極的な姿勢を示したほうが，より力強い作文になり，印象に残りやすい。

　構成は，序論→本論→結論という形が書きやすいが，**序論で述べた内容と結論で述べる内容がブレないように気をつける**。本論が序論で述べた内容の裏づけとして適切ではないと，本論の内容に引きずられて結論が課題の求める内容とは違ったものになりやすい。

　本論で述べる内容については，自分の身近な出来事に引き寄せて考えるほうがよい。身近な出来事を語るとき，長くなればなるほど，「そう

いう」であるとか,「それを」といった指示語を使いがちになる。

　しかし,指示語は示す内容がとらえづらくなると,**誤解を招きやすい言葉**なので,使わずに済む場合は他の言葉と換えたほうがよい。使う場合には,**何を示しているかがはっきりするように書く。**

　たとえば,

> 僕は,遠い所に旅に行き,これまで聞いたこともない価値観の人と出会い,味わったこともない食べ物を食べるということについて魅力を感じる。<u>そのこと</u>は,時間も心の余裕もなければ楽しむことができないのである。

という文章の下線部の「そのこと」は,「遠い所に行き……食べると言うこと」を指すと考えられるが,「魅力を感じる」ということを表しているともとれなくはない。このような場合,「見知らぬ土地への旅」などと言い換えると,「そのこと」の内容がはっきりするので,言い換えたほうが相手に伝わりやすい文章になる。

　また,具体的に話そうとすると,一文が長くなりがちだが,**文は短く30字～40字程度で書くと,**より読みやすい作文になる。

　この作文は常体（だ・である）で書かれているが,例題1の作文は敬体（です・ます）で書かれている。どちらも,1つの作文の中に常体と敬体が混じっていない。このような使い分けも身につけよう。

例題3 「学校生活で得たこと」

➡ 定番テーマ「自分の経験」を押さえよう！

　私が学校生活で得たことは，たくさんあります。そのうち，もっとも印象に残っていることは，知識と技術を得ることは，自分の世界を広げるということです。

　高校三年間，私は天文部に入っていました。天文部では，昼休みの太陽の黒点観測を毎日行っており，私も先輩に教えてもらいながら，太陽黒点の観測の仕方を学びました。太陽はそのまま見てはならないので，レンズを通した像を紙に映し出して観測します。そして，太陽の輪郭と太陽黒点を描き取るのです。何日も観測することで，黒点の変化を知ることができます。

　太陽黒点の観測には，太陽の位置をつかみ，望遠鏡を設置するという業が欠かせません。この技術は，先輩方に教えてもらいながら，繰り返し行うことで身につけていくものです。

　また，インターネットなどで調べると，太陽黒点の変化は地球の気象にも影響があるといわれていることがわかります。私たちのような高校生でも，太陽について，地球の気象について知るために役立つ調査ができることを知りました。

　このような技術と知識を受け継いでいくことにより，私たちは天文部ができて以来途切れることなく太陽観測を行うことができました。それだけではなく，私は観測を通じて，私たちが太陽系の惑星である地球に住む生物であり，地球の環境はさまざまな理由で変化する可能性があることもわかりました。現在，温暖化などが問題になっている地球の環境が繊細なものであることも感じ，守っていきたいと思うようにもなりました。地球環境問題に目を向けることで，実際にどのような取り組みが行われているかと調べるようにもなりました。

　太陽黒点の観測という，天文部としての活動で知ったことは，私の視野

を広げてくれました。知識と技術に裏づけられた情報は，このように，私の世界を広げてくれるのです。中学時代まで，私は知識や技術は身につけるのが目的だと思っていました。ですから，知識や技術で視野が広がったことは新鮮な驚きで，とても楽しいことでした。

30 ─ 　高校生活で知った知識と技術が人生に役に立つということを，社会人になって働くときにも大切にして，さまざまなことにチャレンジしていきたいです。

(892字)

　課題は，受験者の経験と，そこから学んだことをみるものになっている。このような課題も出題されがちな内容なので，一度まとめておくとよいだろう。

　公務員試験の作文では，**600字から1000字くらいまでの長さ**のものが多い。自分の受ける試験が，毎年どのくらいの長さの作文を求めているか確認して，制限字数で「**学生生活で学んだこと**」や「**学生生活でもっとも頑張ったこと**」という内容の作文を書けるようにしよう。

　字数制限によって，使うことができる学生生活でのエピソードも違ってくるだろう。自分の成長につながった体験について，説明する文章を書いてみて，だいたい何字くらい必要か確認しよう。そうすれば，作文の課題や字数に合わせて，エピソードを選んで述べることができるからである。

　ここで紹介した解答は，900字の制限字数を想定したものであり，エピソード部分は700字程度ある。

　学校生活などについての課題では，あれもこれもとたくさんの出来事を並べて書きがちである。それぞれの出来事から学んだこと，成長できたことがあったとしても，もっとも課題に合っている一つの出来事に絞って述べたほうがよい。

たとえば，

> 　私が学校生活で得たことはたくさんあります。たとえば，学校で学ぶことで中学時代よりも深い知識をつけることができ，物理学や科学，歴史など，より理解が進んだことです。また，修学旅行や野外学習によって，集団行動の大切さを学びました。皆で協力しあって何かをすることで，達成感や仲間に対する絆を感じることができます。部活動は天文部でしたが，観測を続ける上で忍耐力を身につけました。忍耐力は，公務員として働く上で欠かせないものだと思います。……

という文章があったとしよう。はたして，この文章で書き手の言いたいことが印象に残るだろうか。

　確かに学生時代の出来事やそこから得られたことが書かれているのだが，たくさんの出来事が書かれていて，どれが一番重要なことなのかわからない。こうなると，読み手は書き手の言いたいことがわからなくなってしまう。

　したがって，課題の答えを書いたときに，**もっとも適した裏づけに使うことができる体験を選んで，それだけを述べるようにしたほう**に残りやすいのである。

　考えられる課題の答えと，対応するエピソードをセットにして覚えておいたり，文章にまとめておいたりすると，実際に似た課題が出たときに役立てやすい。

例題4 「チームワークについて」

➡ 定番テーマ「自分の考え」を押さえよう！

　チームワークは規模の大きなことをするときや，スポーツの試合などで勝とうとするときに欠かせないものです。能力の優れた人でも，一人きりではできることに限界があります。ですから，個人ではできない範囲のことをするときには，何人もの人が目的や理想を達成するために協力し合わなければなりません。

　私は二年生のとき，球技大会でバレーボールのチームに入りました。わがチームの六人のうち，バレー部員は二人だけで，私を含めた四人は体育の授業程度の経験しかありませんでした。そこで，まず，経験の浅い四人にどのくらいバレーボールの能力があるか調べることになりました。実際に，球を打ったり受けたりしてみると，それぞれ得意なことと苦手なことがありました。私は，サーブは得意だけれどレシーブは苦手でした。ほかにも，レシーブは得意だけれどサーブはあまり入らないという人もいました。このままでは，球技大会で他のチームに勝てません。

　そのとき，バレー部員の生徒たちが「チームワークで，いいところまでいけると思う」と言いました。それは，レシーブの苦手な生徒のところにボールがきたら他の人がカバーする，サーブが苦手な生徒はサーブの順番が後のほうになるポジションにする，などして，互いの得意なところを活かして試合に臨むという作戦でした。

　私たちの練習が始まりました。バレーボール部員の生徒たちは朝練があるので，全員が集まれるのは昼休みです。急いでお弁当を食べ，校庭の空いている場所でサーブの練習をしたり，円陣になってパスをしたりしました。得意なところは一人で練習し，苦手なところは得意な人がコツを教えるという方法で，チーム全体のレベルが上がってきたところで球技大会の日が来ました。

　私は最初にサーブを打つというポジションでした。レシーブについては，

自分で返せるものは受け，そうでないものは他の人にカバーしてもらいました。練習のときに，私のレシーブの力では返せる可能性が低い球はどのようなものか教えてもらっていましたし，みんなが私の力を知っていたのでコート内の動きはどのメンバーもスムーズでした。このようにして，互いの特徴を知り，苦手な部分を助け合うことで試合に勝ちました。

30 ─　このように，チームワークはよりよい成果を得るために必要なものです。私は任されたこと，成し遂げなければならないことに関わるすべての人と協力し合いたいと思います。

(990字)

与えられた課題について受験者がどのように考えるのかを知ったり，**受験者が経験したことから学んだりしたことをみるものである。**

このような課題の場合，

　１．課題にきちんと答えているか
　２．課題に対する答えの裏づけになる体験を書けているか
　３．抽象的な内容になっていないか

を押さえて書くようにする。

　３. の抽象的な内容になるというのは，体験などに基づかず，課題となっている出来事や行動などに対して，**一般論しか述べていない状態**である。

　たとえば，チームワークは，人と協力して目的達成を図るためには欠かせないものである。また，個人でできることには限界があるので，チームワークによってより大きな目標を達成できる，というのも具体例を伴わない抽象的な意見である。上記の作文では，ちょうど，序論の部分で述べている内容がそれにあたる。

しかし，抽象的な意見ばかりでは，当たり前のことばかり述べているように見え，印象に残らない作文になってしまう。ぜひ，具体的な体験を活かして作文を書こう。

　しかし，具体的な体験が思い当たらないという人もいるかも知れない。そのときは，課題をなるべく身近なことに引き寄せて考えるとよい。

　たとえば，スポーツのチームなどに所属したことがない場合でも，学校行事で役割分担をしたり，居合わせた人たちと力を合わせて迷子を保護したりした経験がある可能性がある。これもチームワークである。

　ほかにも，家族や親戚の間で，正月準備や食料品の買い出しなど，役割分担をして行ったことがあるかもしれない。数人の友だちと，担当範囲を決めて探しものをしたことがあるかもしれない。そういったさまざまな経験を，思い返してみよう。

　また，ボランティア活動などについて問われた場合に，実際に活動をしていなくても，ボランティア活動の根本にある考えを参考に自分の行動を振り返ることができる。

　たとえば，困っている人に親切にしたいと考えたことはないだろうか。そして，席を譲ったり，手助けしたりしたことはないだろうか。

　そのとき，「人助けをしてよかったな」とか「これからも困っている人を見つけたら助けよう」と思ったとしたら，ボランティア活動について作文を書くときのきっかけになる。そのような体験から，ボランティア活動に参加したいと思う，という作文のまとめ方もできる。

　最後に自分の考えや経験を，仕事にどうつなげるかという事につなげて書いてみてほしい。

2 時事問題やデータを活かした文章を書く

例題1 「少子高齢化対策について」
➡ 定番テーマ「時事」を押さえよう！

　　現在，日本では，人口の21％以上が65歳以上の高齢者という，超高齢社会である。また，合計特殊出生率は，一人の女性が生涯に生むと推計される子どもの数を表したものであるが，2020年の時点で1.34となっており，少子化の傾向は続いている。

　　少子高齢化の問題点は，働き手となる生産年齢人口が減ることにある。働き手が減ると，地域の産業だけではなく，防災対策などでも人手が足りなくなることが考えられる。地域の産業が衰退すれば，働く場所を求めて都市部に人口が流出するという問題も出てくる。

　　対策としては，第一に，生産年齢人口である15歳から64歳の人たちが住みたいと思う町をつくることが考えられる。この年齢の人々は，学校に通っていたり，子育てをしている人も多いため，通勤や通学しやすいように公共交通機関のネットワークを整備したり，子育て環境をよくするために，ファミリーサポートなどを充実させたりという対策が考えられる。

　　第二に，高齢者が家族とともに地域に住み続けられる対策をとることが考えられる。具体的には，先に述べた公共交通機関のネットワークの整備が挙げられる。そのほかにも，高齢者が外出しやすいように公共施設などをバリアフリー化することが考えられる。

　　このように，働き手の人口を維持し，高齢になっても住み替えることなく町にとどまることができるという安心感を生み出すことが，少子高齢化対策として有効であると考える。　　　　　　　　　　　　　（590字）

　　課題は，公務員としての仕事に関する社会問題に対する理解度や考え

をみる問題である。

　上記の作文では、「現在日本では、人口の21％以上が65歳以上の高齢者という、超高齢社会である」「合計特殊出生率は、一人の女性が生涯に生むと推計される子どもの数を表したものであるが、2020年の時点で1.36となっており、少子化の傾向は続いている」など、データを有効に使いながら、自治体がとるべき対策について意見を述べている。

　これらのデータから、すでに日本の社会が、少子高齢化について速やかに対策をとらなければならない状態にあることがわかる。

　このように、**データは状況を理解するのに説得力がある**ものである。ここで使ったものは、「健康に暮らせる町づくりとは」などの課題で活かせるデータである。

　そのほか、新聞などで気になるデータを見つけたら、切り抜いたりメモを取ったりしよう。作文に使えるデータの場合は、何を表している数値か、いつ（西暦何年、令和何年など）のものか、数値の単位は何か、これらのデータから読み取れることは何か、ノートなどにまとめておくと、作文の練習をするときに使い勝手がよい。

　データを活かして書く定番のテーマとして、「地球温暖化に対する取組み」や「ボランティア活動」「災害への備え」などがあるが、なかでも「**少子高齢化**」は、よく問われる問題である。出生率が下がり、子どもの数が少なくなると同時に、平均余命が伸びるなどの理由から、高齢者が増えることをいう。

　人口に対して働き手が減ることが問題として挙げられることが多いが、地域の防災対策を行える人口の減少などの面からも問題となっている。

　また、人口における高齢者の割合によって、次のような呼び方がある。

○65歳以上の人口が全体の７％→高齢化社会
○65歳以上の人口が全体の14％→高齢社会
○65歳以上の人口が全体の21％→超高齢社会

　人口を維持するために，子育て世帯の移住を促すなどの方法も考えられるので，ぜひ本やインターネットなどで調べてみてほしい。

例題2　「地球環境問題について」

➡ 定番テーマ「時事」を押さえよう！

　環境問題において注目されているものとして，地球温暖化がある。温室効果ガスによって地球の平均気温が上がるという問題で，豪雨が増えたり，海面上昇によって海抜の低いところは沈んでしまったりするとされている。

　温室効果ガスの排出量を減らすためには，世界各国が目標を立てて取り組まなければならない。現在，日本では，2015年に「国連気候変動枠組条約締約国会議（通称COP）」で合意されたパリ協定により，2030年に2013年に比べて26％温室効果ガスの排出を減らすという目標達成を目ざしている。

　地球温暖化対策は国だけでなく，地方自治体でも行われている。わが市では，住宅などに太陽光発電設備や太陽熱利用設備の導入を促進したり，再生可能エネルギーの利用拡大につとめたりしている。また，カーシェアリングや低燃費バスの導入など，市民の生活に深く関わる部分でも温室効果ガスの排出を抑える取り組みをしている。

　これらの活動は，どれも効果があることだと考えるが，一朝一夕には結果の出ないものでもある。長期間，人々に努力を求め，維持しなければならない。また，新しい技術ができたときには，市民生活にどのように活かせるか考えて，導入する必要性があるだろう。

　しかし，苦労があるとしても，地球環境を守らなければ未来の住民たち

に暮らしやすい町を提供することはできない。私は，自然保護に関わる技術や知識，制度などを適切に住民に伝えられる公務員を目指したいと思う。

20

(602字)

　課題では，地球環境問題を取り上げている。環境問題だけでなく，自治体の取り組みについても触れている点に注目しよう。このような取り組みは，環境省や自治体のホームページで確認できることが多い。

　希望する自治体のホームページは，時間のあるときに確認しておくと役に立つ。

　ただ，このような課題が初級公務員の作文試験で出題されることはあまりないかもしれない。しかし，「地域をよくするためには」「住み続けたい町とは」「関心のあるニュースは何か」といった課題が出た場合に，環境問題など社会で話題になっている問題についての知識があると役立つ場合がある。

　p.132には，過去の出題例や，知っておくとよい社会問題のテーマを挙げたので，そちらを参考にホームページや本などで調べておこう。

　ちなみに，官公庁などのホームページでは，効率よく手軽に社会問題に関わるデータが手に入る。

　たとえば，資源エネルギー庁のホームページでは，「パリ協定」についての説明がある。少子高齢化，生産人口や，人口における高齢者の割合，ワークライフバランス，働き方改革などは，厚生労働省のホームページを参考にできる。

　持続可能な開発目標（SDGs：Sustainable Development Goals）であれば外務省のホームページなどに説明がある。

　弊社発行の『カンタン総まとめ　就活の一般常識＆時事』（実務教育出版）もおすすめだ。インターネットやSNSの使い方であれば，総務省，消費者庁や警察庁などのホームページも参考にできる。

ここでは，参考になるホームページのアドレスを一部紹介しておく。

〇内閣府　少子化対策白書
https://www8.cao.go.jp/shoushi/shoushika/whitepaper/index.html

〇内閣府　高齢社会白書
https://www8.cao.go.jp/kourei/whitepaper/index-w.html

〇内閣府　防災情報のページ
http://www.bousai.go.jp/

〇厚生労働省　人口動態調査
https://www.mhlw.go.jp/toukei/list/81-1.html

〇厚生労働省　働き方改革の実現に向けて
https://www.mhlw.go.jp/stf/seisakunitsuite/bunya/0000148322.html

〇環境省　地球温暖化対策
https://www.env.go.jp/seisaku/list/ondanka.html

〇外務省　SDGsとは
https://www.mofa.go.jp/mofaj/gaiko/oda/sdgs/about/index.html

〇経済産業省　資源エネルギー庁
https://www.enecho.meti.go.jp/

　そのほかにもさまざまな役に立つホームページがあるので，興味があるものを調べてみよう。もちろん，日頃から新聞や新書などを読んで，知識を深めておくことも大切である。

　知識やデータはメモにとり，説明文を書いてみるとよい。自分の言葉で説明し直すことで記憶に残りやすく，試験に活かしやすくなる。

3 文法の間違い，ネガティブ作文はダメ！

例題1 「失敗したこと」
➡ 文体は統一する！

　学校生活を送る中で，私はさまざまな失敗や成功を経験し，そのたびに成長してきました。中でも，文化祭のとき，保護者の方を間違った教室に案内してしまったことは，今後生きていくなかで忘れないようにしなければならない失敗だと考えています。

　一年生の文化祭で，私はクラスメートの保護者の方を私たちのクラス，一年二組に案内する役割を担っていました。同じ役目のクラスメートたちと校門で待っていると，さっそく一組の夫婦が現れました。男の人が「二組はどこですか」と言うのを聞いて，すぐに私は「ご案内します」と言って案内を始めました。そのときの私は，役割を果たしたいという気持ちでいっぱいだったのです。クラスの前まで来たとき，女の人が「あら，ここは一年二組ですね」というのを聞いて私はハッとしました。おそるおそる尋ねると，その夫婦は二年二組の先輩のご両親だったのです。先輩は地球の気候変動について説明することになっていて，その説明が始まる時間に来てほしいと言われていた，というのです。

　私は，「しまった」と思い，血の気が引くのを感じた。慌ててご両親を二年二組の教室に案内すると，すでに先輩の説明が始まっていた。ご夫婦は嬉しそうに「ああ，ちょうどいい時間ですね」と言ってくれたが，私が「二組はどこですか」という問いを勘違いしなければ，最初から先輩の説明を聞けたのではないかと思うと心が痛んだ。

　それ以来，私は相手の話をきちんと最後まで聞くようになりました。もう二度と，先輩のご両親を案内したときのようなことがあってはならないと思っているからです。今では，先生や友人から「慎重に行動する人」と

10

20

いう評価を得ていますが，それも，文化祭での失敗がなければあり得ないことです。

　これからも，状況を正しくつかみ，行動することを心掛けていきたいと思っています。

(757字)

　この作文を読み返すと，**第三段落に問題があることがわかる**。第一，二，四段落は文末が「です・ます」と敬体になっているのだが，**第三段落だけ「だ・である」と常体になっている**。

　1つの作文の中で，敬体と常体を混ぜて使うことはしないほうがよいとされている。したがって，この場合は第三段落の常体を敬体に直す。

　私は，「しまった」と思い，血の気が引くのを感じました。慌ててご両親を二年二組の教室に案内すると，すでに先輩の説明が始まっていました。ご夫婦は嬉しそうに「ああ，ちょうどいい時間ですね」と言ってくれましたが，私が「二組はどこですか」という問いを勘違いしなければ，最初から先輩の説明を聞けたのではないかと思うと心が痛みました。

と，文末の表現などを直すと，全体が敬体で書かれた作文になる。

　直した部分を見てもわかるように，常体を敬体に直すと，文字数が増えてしまう。そのため，**直した文章が制限字数内に収まっているのかどうか心配になることもあるだろう**。

　作文を書くとき，最初から敬体で書くか，常体で書くか決めておくとこのような間違いが起こりにくい。

　なお，「　」の言葉や，引用した言葉などは，発言したときの表現や引用元の表現を使う。ほかの部分に合わせて，敬体・常体に書き換える必要はない。

　パソコンなどで文章を打ち込むときと違って，作文は簡単に書き直しができない。そのため，最初からなるべく間違えることなく書ける工夫をしておこう。

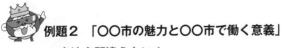

例題2 「○○市の魅力と○○市で働く意義」

➡ 文法を間違えない！

　　○○市は，緑豊かなところです。私も小さい頃，学校の裏にある丘に登り，虫取りや花摘みをして遊びました。緑の間を通ってきた風は気持ちよく，五月のころなどは日曜日でも，時間があれば丘を訪れていました。また，市内を流れる川には魚がいて，泳ぐ姿だけではなく，ときおり水面を跳ねる姿を見ることができます。今でも私は，もし時間があるとき，よく丘や川など自然があるところを訪れて，鳥や魚を観察しながら風を浴びています。

　　自然は，心を穏やかにしてくれます。友だちや兄弟とけんかをして，誰かを責めたい気持ちになっていても，川や丘を訪れると心の中に風が通り，怒りが溶けていくのが感じられます。

　　私は，このような自然が○○市の魅力だと考えています。大都市に隣接している市でありながら，これだけ豊かな自然があることはとても素晴らしいことだと考えています。

　　大都市のベッドタウンとして約六万人が住んでいる○○市は，生産人口が多く，子育て世帯も多いところです。子どもにとって自然は遊びの場でもあり，学びの場でもあります。しかし，子どもたちにとって自然はよき先生であり，友だちであるといえるでしょう。

　　私は，○○市で自然と子どもたちをつなぐような仕事をしたいと考えています。ふるさとの自然の素晴らしさを子どもたちに感じてもらい，今後の人生に活かしてもらうなど，○○市の豊かな自然を未来の世代に渡すために働きたいと思います。

(591字)

　この作文では，第一段落と第三段落に一か所ずつ，言葉の使い方の間違いがあるが気づいただろうか。

　第一段落では，次の部分がそうである。

180

　今でも私は，もし時間があるとき，よく丘や川など自然があるところを訪れて，鳥や魚を観察しながら風を浴びています。

　□で囲った部分は，「もし」と，仮定の言い方が後ろにくるはずの言葉を使っているが，「なら」や「ても」といった**仮定を表す言葉**が使われていない。したがって，次のような直し方がある。

○同じ文字数で直す方法
　もし時間があるとき→もし時間がある<u>なら</u>

○行間に直した言葉を書き入れる方法

　もし時間があるとき→もし時間があ<u>るとき</u>

　（っ たら）

　前者は，マス目に書かれた文字を消し，同じ文字数で直す方法である。後者は二重線で消し，行間に直した言葉を書き入れる方法である。156ページに副詞の呼応について説明した部分があるので，どのように使われるか確認しておこう。

　次に，第三段落では，次の□で囲った部分が間違っている。

　大都市のベッドタウンとして約六万人が住んでいる○○市は，生産人口が多く，子育て世帯も多いところです。子どもにとって自然は遊びの場でもあり，学びの場でもあります。しかし，子どもたちにとって自然はよき先生であり，友だちであるといえるでしょう。

　この文章では，接続詞の使い方が適切ではない。

　「しかし」という接続詞は，直前の部分と直後の部分が反対の内容である場合に使うものである。しかし，この場合は，直前の文で，子どもにとって自然が必要なものであると述べ，直後の文でも「先生」「友だ

ち」であると述べている。

　どちらも似た内容の文なので，「ですから」などの接続詞でつなぐの
が正しい。

> ですから
> ~~しかし~~，子どもたちにとって……

　p.152～に，接続詞の使い方が説明してあるので，作文を見直すとき
には，一度，確認してみよう。

　主語，述語の対応や，敬語，間違えやすい言葉などは，見直しのとき
のチェックポイントだ。

　また，常体・敬体と同じように，作文全体で統一しておきたいのが数
字である。

　たとえば，最初は1，2と算用数字を使っていたのに，途中から，一，
二と漢数字を使わないようにする。また，漢数字を使う場合，「千百」
という書き方と「一一〇〇」という書き方が混じるのもよくない。自分
が作文を書くときは，どの数字を使って書くか，ある程度決めておこう。

例題3 「将来の私」

➡ ポジティブな文章に！

　私は公務員になりたい。理由は，父が公務員だからだ。父はおとなしい性格で，どちらかといえば新しいことにチャレンジするのが苦手である。私も似た性格だ。だから，父が力を発揮している公務員は，私にも向いていると思っている。

　父の家族としての公務員の印象だが，会社員の兄のようにそれまで訪れたことのない会社に営業に行ったり，夜中に上司からメールをもらって，慌てて出社して仕事をしたりすることがないので，落ち着いて仕事ができるように見える。また，兄は同僚で出世していい給料をもらっている人を気にしている。情けは人のためならずで，同僚が困っていても助けない。父は，よく同僚を助けるために余分な仕事をしているようだ。私は，安心して相手を気遣えるような職場で働きたい。

　兄は社交的な性格で，日々，悩みや苦労があるようだが，営業という仕事が合っていると思う。しかし，私はどちらかといえば，ものごとにじっくりと取り組んだり，細かく観察したりして，文書や書類を書くほうが得意だ。とても営業がつとまるとは思えない。だからこそ，父と同じ公務員になりたいと考えるのである。

　最初は仕事に慣れていないため思ったより時間がかかってしまうだろうし，社会人として不慣れであるため苦労することもあるだろうし，思ったとおりにいかないだろうということは覚悟している。

　しかし，将来の私は仕事を続けるうちに成長し，市民に頼られる公務員になっているだろう。　　　　　　　　　　　　　　　　　　　（600字）

　この作文を読むと，ネガティブな印象を受ける。就職試験での作文は，**ポジティブ**な言葉で書くほうが，試験官に好印象を与えることができる。また，公務員の父と会社員の兄を比べるような箇所があるが，それら

の内容が会社員に対してマイナスイメージのものが多くなっている。これでは，作文で述べられる内容のうちネガティブな印象の部分が多くなり過ぎてしまう。書き換える際には，兄のエピソードは削ってしまったほうがよいだろう。

ポジティブな作文に書き換える前に，表現上の問題点をみてみよう。
まず，第二段落に言葉の意味を間違えて使っている部分がある。

> 情けは人のためならずで，同僚が困っていても助けない。

「情けは人のためならず」は，「情けは人のためにならない（ので手助けはしない）」というような間違った意味で覚えている人もいる。ここでも，間違った意味で使っている様子がうかがえる。

また，第四段落では，同じ言葉で文章を続けている箇所がある。

> 最初は仕事に慣れていないため思ったより時間がかかってしまうだろうし，社会人として不慣れであるため苦労することもあるだろうし，思ったとおりにいかないだろうということは覚悟している。

「～ため～し，～ため～し」という表現が連続して使われている。このような表現は単調であるし，読み手も気にするので避けよう。
上記のことも踏まえて，例題3をポジティブな印象を与える作文にしてみよう。

次の作文と読み比べてみましょう！

例題３の書き換え 「将来の私」➡ ネガティブ作文はダメ！

　私は公務員を目ざしている。理由は父が公務員だからである。父は落ち着いており，堅実な生き方を好んでいる。そんな父を私は尊敬しており，同じ公務員になりたいと考えるようになった。

　父を尊敬するきっかけになったのは，父の職場を見学したことである。そのとき，父はてきぱきと住民の方々に対応していた。相手の話を聞きつつ，手続きについて手際よく説明する姿は輝いて見えた。働く父の姿は誇らしかった。家では物静かで，本や新聞を読んでいることが多い父が，職場では頼りがいのある公務員だったのである。父だけでなく，周囲の人たちも住民の方々に頼られているようだった。そして，周囲の人が父に相談したり，父が別の人を呼んで話をしたりと，職場の人どうしが信頼し合って働いているように感じたのだ。あのときからずっと，あの場所に私も加わりたい，と思っている。

　私も，父と同じように物静かな性格である。趣味は読書で，父を真似て新聞を読んでいる。

　将来は，家での父のように，落ち着いた柔らかい雰囲気をまといつつ，着実に仕事を進めることができる公務員になりたい。もちろん，最初は社会人としても，公務員としても未熟だろう。それゆえに悩んだり，苦労したりすることも多いに違いない。しかし，公務員として仕事をし，よりよい仕事ができるよう努力を続ける中で成長するだろう。

　そして，将来の私はきっと，父のような人々に頼られる公務員になっていることだろう。

（598字）

　書き換えたことで，父が公務員であるため，自分も公務員になりたい，という主題は変えず，ポジティブな印象の作文になっている。

　作文では表現の正しさだけでなく，印象のよさが大切だ。書いた作文を読み直す際には，読み手が受ける印象がどうか，考えてみよう。

例題1 「高齢者社会への対応」

高齢社会における公務員として，これまでの経験をどのように活かせるのか述べよ。

---

1 超高齢化社会の問題点と対策

　現在，日本は65歳以上の高齢者が人口の21％以上を占める超高齢社会である。問題点は大きく分けて二つあるといえる。

　第一には，駅前の階段やエレベーターのない施設や，バスなどの移動手段が少ないことなど，まだまだ高齢者にとって住みにくい環境が残っていることである。これについては，公共施設のバリアフリー化などを目指すという対策が考えられる。また，精神的な孤立を避けるため，ボランティアや保健師が高齢者を訪ねる見守りも，対策として有効なものである。

　第二には，労働力人口の割合の低下である。労働人口が減少すれば，出生率の低下や高齢化の加速につながることは予想に難くない。それだけでなく，介護人材も減るので，老老介護，介護難民の増加にもつながることである。対策としては，労働力人口となる市民が長く住みたくなるまちづくりや，都市部から労働力人口となる人々が住みたい場所として選んでくれる魅力を発信することなどが考えられる。

2 私の経験を活かせること

　私はこれまで業務の一環として，社内の技術の魅力を社外の人にどのようにして伝えるかということに取り組んできた。そのために，技術の理解に努めるだけではなく，相手に伝わりやすい言葉を選ぶ努力や，相手の会社が抱える問題を把握し，解決策を考えるなどの工夫をした。

　このように相手の目線で対応する，相手の抱える問題を把握する，具体的な解決策を提示する，という三点を高齢社会におけるまちの活性化に活

かしていきたい。

　まず，バリアフリー化の要望や，労働人口となる人々が必要とするサービスの要望について，市民目線で必要な対応を考えていく。たとえば，どの箇所にスロープやエレベーターが必要かは，利用する市民が最もよく知っていると考えられる。そのため，私は要望を市民の気持ちになって聞くようにしたい。

　次に，市民からの要望について，たとえば高齢者や子育て世帯などがどのような問題を抱えているか，事情を聞くなどして個別に把握し対応していく。個別に対応することで，そのケースが他の問題にも応用できるなど，対応の幅を広げることにつながる。また，ある人々に役立つことが，ほかの人々の生活にも役立つ場合がある。高齢者のためになされることも多いバリアフリー化についても，妊婦や子ども，障害者にとっても，まちがより暮らしやすくなる。

　さらに，要望を聞いただけではなく，具体的な解決策を提示できるように力を尽くしていく。バリアフリー化の要望やサービスの要望について真摯に耳を傾けても，実際に対策がとられないのでは市民の生活がよりよくなることは難しい。市民目線で聞き，個別の問題を把握した上で，公務員としての知識をもとに，補助金制度の活用など実現に向けた対応をしたい。

3　本市職員として

　高齢社会では社会的弱者への対応が，まちのすみやすさの鍵になる。私は，これまでの仕事でつちかってきた三点を活かし，公平性，公正さを保ち，どのような市民も住みやすく感じられるまちづくり，サービスの提供など，必要とされる職務に全力を尽くしていきたい。　　　　　（1267字）

社会人・経験者採用の論文では，地方自治体の抱える問題や，経験を
どのように活かすか問う出題も多い。地方自治体の抱える問題について
は，少子高齢化，高齢社会，ワークライフバランスなどがよく取り上げ
られる。受験する地方自治体の抱える問題については，インターネット
で調べるなどして，一度内容を理解し，自分の考えを300字程度でま
とめられるようにしておくのが有効である。

　また，1000字以上の文字数を指定される場合もあるので，下書きは
必須である。普段から過去の問題例などで練習し，序論，本論，結論と
いった形で文章を構成する力をつけておこう。見出しや箇条書きなどは，
文章を読みやすくするのに欠かせないので，序論，本論，結論にそれぞ
れ見出しをつけたり，本論の内容を箇条書きにしてみたりして，形式に
慣れるようにするとよい。実際の試験では，見出しや内容の箇条書きを
下書きとして記しておくことで，解答を作成するときにも書く内容を迷
うことなく，論旨が一貫した小論文を書くことができる。

　これまでの経験については，業務と業務の目的，効果などを説明でき
るようにしておく。その際，その業務で得た力が，公務員としてどう活
かせるのかを考えよう。

例題2 「魅力あるまちづくりについて」

魅力あるまちづくりのために，あなたができること。

1　現在のまちの魅力

　このまちは働き盛りの人が多く，子どもの人数も多い。理由としては，大都市に隣接し，住環境がよいことが挙げられる。今後も，このような魅力を保つために，私ができることを述べたい。

2　まちの魅力の分析と今後

　まず，住環境がよさについて考えてみる。

　第一に，自然があることが挙げられる。公園には樹木が植えられ，川の両岸には桜並木がつくられている。数キロメートル歩けば，市街地を囲む山に行くことができる。大都市に近いながらも，このような自然があることが，住みよいまちである理由の一つだと考えられる。今後は，花の時期や見所などを市のホームページで知らせるなどして，より自然に気軽に触れられるようになればよいのではないか。

　第二に，子どもがいる家庭にやさしいまちであることが挙げられる。住宅街のほか，駅前の大型商業施設にも保育施設があるなど，子育てをしながら夫婦共に働きやすい環境が整っている。現在，親たちが子供服や幼稚園や保育園で必要なカバンなどを対象にしたバザーなどを行なっており，親同士の交流も活発だといえる。このような交流は子育て中の不安の解消に一役買っているといえる。このような住民のイベントについて乳幼児健康診査のときに配るプリントに示すなどすれば，より親の孤立を予防する効果が見込まれる。

　第三に，高齢者も移動しやすいまちであることが挙げられる。駅前の商業施設をはじめ，さまざまな施設でバリアフリー化が進められている。外出は気分転換になるだけでなく，周囲の人が高齢者に話しかける機会にもなる。高齢になっても孤立せずに生活できることは，住みやすいまちの条件であるといえる。今後は，高齢者にとって移動しにくいと考えられる場

を聞くなどして，よりよいまちを目指すことができると考えられる。

3　まちのために，私ができること

　私は，現在，介護施設で働いているが，以前，保育施設で補助的な仕事
をしたこともある。そのため，高齢者や子育て中の親の話を聞いたり，そ
の要望に対応したりしてきた。その際に必要なことは，いただいた要望を
もとに，どのように状況をよくできるか考えることだ。活用できる制度は
ないか，バリアフリー化など施設に手を加えることで改善できないか，
ルールの変更は可能かといったことは，職員内でよく話し合い，利用者の
意見もうかがった。たとえば，介護施設では入所者がより気分良く入浴で
きるような方法を考えた。入浴時に手の空いている職員がいつでも介助で
きるように，着替えの準備の状況や，入所者の状況などを記したA4の紙
を作り，情報を共有することで，手間取らず，適切に入浴介助ができるよ
うになった。このように，相手の要望をよく聞き，他者と情報を共有する
のによりよい方法を考える力を活用し，まちの魅力としてあげた点をより
活かせるよう，全力で職務にあたりたい。　　　　　　　　（1172字）

　社会人として仕事を経験している以上，**何らかのスキルをその仕事か
ら得ている**と考えられる。自分で，どのような力を身につけたのかを一
度，整理してみよう。

　小論文では，試験を受ける自治体の状況を把握するだけでなく，**自分
の経験や職歴をどのように活かせるかを考える**ようにする。相手の意見
を聞いて，状況をよくする対策を考える力など，住民との関わりがある
公務員にとって役立つと考えられる力のほか，商品開発を通じて広い視
野を持つことを意識できるようなったとか，状況把握や決断力といった
ものも，集団の中で公平，公正に仕事をするためには必要なものである。

　自分の力が公務員の仕事にどう役立つかは，300字程度でまとめられ
るようにしておくとよいだろう。

これまでの業務についての説明を求められるような小論文では，業務の成果について述べるだけで終わらないようにしよう。業務の成果よりも，その業務を経てどのような経験をし，何を学び，何を身につけ，その身につけたものがどのように公務員の仕事に活かせるかということが大切であることを意識するようにするとよい。

編集協力	エディット
本文組版	アクト
カバーデザイン	cycledesign
イラスト	アキワシンヤ

●本書の内容に関するお問合せについて

本書の内容に誤りと思われるところがありましたら，まずは小社ブックスサイト（jitsumu.hondana.jp）中の本書ページ内にある正誤表・訂正表をご確認ください。正誤表・訂正表がない場合や訂正表に該当箇所が掲載されていない場合は，書名，発行年月日，お客様の名前・連絡先，該当箇所のページ番号と具体的な誤りの内容・理由等をご記入のうえ，郵便，FAX，メールにてお問合せください。

〒163-8671 東京都新宿区新宿1-1-12 実務教育出版 第二編集部問合せ窓口
FAX：03-5369-2237 E-mail：jitsumu_2hen@jitsumu.co.jp

【ご注意】
※電話でのお問合せは，一切受け付けておりません。
※内容の正誤以外のお問合せ（詳しい解説・受験指導のご要望等）には対応できません。

公務員試験[高卒程度・社会人]

らくらく総まとめ 面接・作文

2021年9月10日 初版第1刷発行 〈検印省略〉
2024年4月5日 初版第2刷発行

編 者 資格試験研究会
発行者 淺井 亨

発行所 株式会社 実務教育出版
〒163-8671 東京都新宿区新宿1-1-12
TEL 編集03-3355-1812 販売03-3355-1951
振替 00160-0-78270

印 刷 精興社
製 本 ブックアート